한국의 민주화운동과 국제 연대

이 도서의 국립중앙도서관 출판예정도서목록(CIP)은 서지정보유통지원시스템 홈페이지(http://seoji.nl.go.kr)와
국가자료공동목록시스템(http://www.nl.go.kr/kolisnet)에서 이용하실 수 있습니다.
CIP제어번호: CIP2018042335(양장), CIP2018042336(반양장)

한국의 민주화운동과 국제 연대

Korea Democratization and International Solidarity

민주화운동기념사업회 한국민주주의연구소 기획 ｜ 정근식·김학재·권영숙·주윤정 지음

한울
아카데미

책을 펴내며

오늘날 세계 자본주의는 인류가 직면하고 있는 사회·경제 문제를 해결하는 데 충분한 역할을 다하지 못하고 있고, 그 자본주의에 기초하여 자라난 민주주의는 다양한 극단주의에 의해 곳곳에서 위협받고 있습니다. 이러한 상황에서 발생한 한국의 촛불시민혁명은 민주주의 역사를 다시 돌아보게 할 정도로 대단한 사건이었습니다. 한국의 민주 역량을 전 세계가 주목하고 있습니다.

촛불시민혁명은 정치인들이 무엇을 하는지에 대한 물음을, 시민들이 무엇을 할 수 있는지에 대한 물음으로 바꾸어놓았습니다. 민주주의라는 가치는 단지 체제에 대한 질문이 아니라 우리의 생활이자 실천의 문제가 되었습니다. 촛불시민혁명은 민주주의의 발전 가능성에 대해 새로운 대안을 제시했다고 볼 수 있을 것입니다.

한국의 민주화운동을 기념하고 민주주의를 실천하기 위한 공공기관으로 설립된 민주화운동기념사업회는 설립 취지에 따라 미래 지향적인 민주적 가치를 새롭게 발굴하고 확산시키고자 많은 노력을 기울이고 있습니다. 특히 기념사업회 산하 한국민주주의연구소는 민주화운동의 정신을 계승·발전시키기 위하여 한국 민주주의 연구의 지평을 확대하는 노력을 계속 수행하고 있습니다. 대표적인 저술로는 2007년부터 2009년까지 펴낸 『민주주의 강의』(1~4권), 2008년부터 2010년까지 펴낸 『한국 민주화운동사』(1~3권), 2010년에 펴낸 『4월혁명 총서』(1~7권), 2016년부터 2017년까지 펴낸 『한국의 민주화운동과 민주주의 총서』(1~3권), 2012년부터 지금까지 펴내고 있는 『지역민주화운동사 총서』(전북, 충북, 제주, 대전·충남, 경기 편) 등을 들 수 있습니다.

앞서 발간된 『민주화운동의 세계사적 배경』(2016)은 9개 국가에서 일어난 민주화 과정과 이행기의 모습을 정치·경제·사회·문화 등의 관점에서 소개했다면, 이번에 발간되는 『한국의 민주화운동과 국제 연대』는 국제 연대의 의미를 되새기면서 한국의 민주화운동이 세계사적 맥락에서 어떤 의미와 성격을 가지는지 분석하고자 했습니다.

이 책이 나오기까지 신형식 한국민주주의연구소 소장, 박근영 선임연구원을 비롯해 여러분들의 헌신이 있었습니다. 한울엠플러스(주) 김종수 대표님과 윤순현 차장님, 편집 작업을 도맡아 해주신 최진희 님께 진심 어린 감사를 전합니다.

2018년 12월

민주화운동기념사업회 이사장

지선

차례

1장

한국의 민주화운동과 국제 연대

방법론적 모색

1. 문제의 제기

일제로부터의 해방 이래 70년의 현대사에서 한국 민주주의는 경제성
장 만큼이나 빠르게, 그리고 전진과 후퇴를 거듭하면서 매우 역동적으
로 발전했다. 4월 민주 혁명과 광주민주화운동, 6월 항쟁, 그리고 촛불
대집회라는 민주주의 증진을 향한 네 차례의 '대투쟁', 5·16 군사 쿠데
타, 1972년의 10월유신, 1980년의 광주 항쟁 탄압, 2010년대의 재생 권
위주의 등 네 차례의 후퇴가 이런 역동적 모습을 잘 보여준다. 민주주의
를 향한 강력한 사회운동의 전통은 세계사적으로 유례가 없을 정도로
독특한 것이라고 할 수 있는데,[1] 이런 경험은 민주주의가 외부적 힘에
의해 이식된 제도가 아니라 시민들의 주체적인 사회운동의 산물이라는

의식을 한국 사회에 강력히 자리 잡게 해주었다.

그러나 한국의 민주주의 발전을 내부적·주체적 요인으로만 이해하는 것은 충분하지 않다. 한국의 민주주의는 새로운 국가 만들기 프로젝트와의 연관성 속에서 탐구되어야 하고, 세계적 냉전과 탈냉전의 맥락에서 이해할 필요가 있으며, 외부적 요인들이 미친 영향을 고려할 필요가 있다.

한국의 민주주의가 언제, 어떻게 형성되었는지, 또는 어떻게 도입되었는지는 근본적인 질문에 속한다. 한편으로는 한국 민주주의의 기원을 사상과 제도로 구분하면서, 특히 사상의 측면에서 동학혁명이나 만민공동회, 또는 3·1 운동에서 찾아야 한다는 견해가 있지만, 다른 한편으로는 이념이나 제도의 측면에서 민주주의가 미군정에 의해 도입되었다는 견해가 더 많이 수용되어 왔다. 한국의 민주화운동사에서 중요한 의미를 갖고 있는 4월 민주혁명과 이를 주도한 학생들의 민주주의에 대한 신념이 어떻게 형성되었는가라는 질문도 이의 연장선상에 있는 것이라고 할 수 있다.

제2차 세계대전 이후 세계적으로 전개된 민족국가 형성 과정에서 민주주의와 경제 발전은 매우 중요한 가치였다. 이 두 과제의 실현 과정은 세계적 냉전과 불가분의 관계였다. 미국과 소련이라는 세계적 헤게모니 국가의 강력한 영향 아래 지역마다 서로 다른 민주주의 모델이 도입

---

1   한국 사회의 중요한 특징 중 하나는 민주화운동에 속하는 주요 사건들을 기념하고 연구하기 위한 시민 조직들이 발전되어 있다는 점이다. 4월혁명, 5·18 광주민주화운동, 6월항쟁 등을 기념하는 시민 조직과 '민주화운동기념사업회'가 이를 대변한다.

되었고, 체제의 효율성 경쟁이 치열하게 전개되었다.

1960~1970년대에 세계적 냉전이 심화되면서 미국의 영향 아래 있던 개발도상국이나 독자적 발전을 추구하던 제3세계에서 공통적으로 민주화가 중요한 쟁점으로 부상했다. 군부 쿠데타를 통한 권위주의 독재가 이 기간에 주요 지배 체제로 자리 잡았는데, 미국은 종종 사회주의 정권을 막기 위해 군부 정권의 독재를 옹호하기도 했고, 민주화 요구를 묵살하기도 했기 때문이다. 이로 인해 1980년대에 들어오면 민주화나 민주주의 증진은 세계적인 프로젝트로 부상했다. 1990년대에 이르면, 신자유주의적인 세계화가 진행되면서 이행기 정의와 함께 국제 연대가 핵심적 쟁점으로 부각되었다.

민주화는 크게 정치적 영역의 자유민주주의 제도의 확립, 그리고 사회경제적 영역에서의 여러 사회적 집단의 권리 보장을 의미한다. 이 외에 생산자 민주주의나 일상성의 민주주의를 고려할 수도 있다(손호철, 2003). 민주화나 민주주의 이행에 대한 설명은 외부의 개입이나 압력론 (Pevehouse, 2002; Peksen, 2012), 경제 발전의 효과론, 사회운동의 결과론 등으로 구분된다. 민주화의 요인으로 외부적 요인을 강조하는 경우, 미국의 민주주의 증진 프로젝트를 떠올리는 경우가 많지만(Smith, 2012), 이런 접근은 한국의 민주화를 설명하기에는 부족하다고 생각된다.

민주주의가 사상이나 이념, 제도, 그리고 일상적 실천이라는 다차원적 현상이듯이, 민주화라는 사회변동도 그에 상응하는 다차원적 설명을 필요로 한다. 민주화는 사회 내부에서 배태되어 성장하는 힘에 의한 주체적 경로와 외부로부터 사상이나 제도가 도입되어 정착하는 경로로 구분된다. 사실 한 사회의 민주화가 주체적 요인, 즉 민주화운동에 의해 진전되는 것은 사실이지만, 항상 주체적 요인에 의해서만 결정되는 것은 아니며, 민주화운동의 주체나 범위 또한 그 사회 내부에만 존재하는 것은 아니다. 사회는 항상 의도하지 않은 결과를 포함해 변동하기 때문이다.

지금까지의 민주화운동사 연구가 이런 문제의식을 충분히 반영했다고 말하기는 어렵다. 민주화운동기념사업회의 중요한 성과인 『한국민주화운동사』(1~3권)(서중석 외, 2008~2009)를 검토해보자. 이 책의 1권은 1부 이승만 정권과 4월 혁명, 2부 4월 혁명 직후의 민주화운동, 3부 박정희 정권과 유신 이전의 민주화운동으로 구성되어 있고, 2권은 1부 유신 체제의 성립과 유신 전기 반독재 민주화 투쟁의 전개, 2부 긴급조치 9호와 유신 후기 반독재 민주화 투쟁, 3부 각 부문 운동(종교, 언론, 지식인, 인권, 민중운동)으로 구성되어 있다. 3권은 1980년대 민주화운동을 다루고 있는데, 1부는 신군부의 등장과 5·18 광주 민중 항쟁, 2부는 전두환 정권과 반독재 민주화 투쟁, 3부 6월 민주 항쟁과 민주화 이행, 4부 노태우 정권과 반독재 민주화 투쟁, 5부 부문 운동(종교, 언론, 교육, 문화예술, 인권, 노동, 농민, 도시 빈민, 여성, 통일운동)으로 구성되어 있다. 이와 같은 민주화운동사는 1950년대 후반부터 1992년까지 한국의 민주화운동이 끈질기게 전개되었을 뿐만 아니라 1970년대 후반부터 사회운동을 5개 부문 운동으로 나누어 서술할 만큼 분화되었고, 1980년을 계기로 각 부문 운동이 10개로 나뉘어 서술되어야 할 만큼 더 분화되어 발전하고 있다는 것을 보여주고 있다.

이 책은 매우 방대하고 상세한 서술에도 불구하고 몇 가지 더 연구되어야 할 과제를 남겼다. 4월 혁명이나 6월 항쟁과 같은 대사건들의 심층 연구와 지방사적 접근, 민주화운동에서의 국제 연대에 관한 연구가 더 필요했다. 이런 과제들은 4월 혁명 50주년이었던 2010년, 그리고 6월 항쟁 30주년이었던 2017년을 거치면서 상당 부분 해소되었지만, 민주주의의 세계적인 발전이나 지구적 민주주의 레짐과 한국 민주주의와의 관계,[2] 동아시아 민주화의 유사성과 차이, 국제 연대에 관한 연구는 미진한 채로 남아 있다. 예컨대 한국과 타이완의 민주화운동의 경로나 양상의 유사성(Wong, 2005)에 주목한다면, 한국의 민주화운동이 놓인 지구적 맥락이나 동아시아라는 지역적 맥락에 대해 질문하지 않을 수 없다.[3]

한국의 민주화운동이 왜 그렇게 지속적이고 강력하게 전개되었는가라는 질문에 더해 민주화운동과 다른 사회운동인 '민중운동'이나 '통일운동'과의 관계는 또 다른 쟁점이라고 할 수 있다. 민주화운동의 주체와 이들과 밀접한 관련을 맺은 외부적 요인들, 예컨대 해외에서 전개된 민주화운동[4]이나 국내의 민주화운동을 지원했던 국제기구와의 연대도 규

---

2   민주화운동기념사업회는 2016년에 『민주화운동의 세계사적 배경』과 『민주화운동의 성공과 좌절』을 기획해 출판했는데, 전자는 세계 9개국의 사례를 검토한 것이고, 후자는 민주화와 민주화운동의 간극을 보여주고 있다.

3   민주화운동기념사업회는 2000년대 초반 설립과 함께 민주화운동을 함께 한 해외 동포들을 초청했고, 또 2016년에는 민주화운동에 기여한 해외 인사들을 초청해 감사의 표시를 했다. 이것은 한국의 민주화운동이 국내에서 고립적으로 전개된 것이 아니라 해외의 한(국)인들과의 연관 속에서, 그리고 외국인이나 국제기구와의 연대하에 진행되었고, 이를 한국의 민주화운동사에 추가할 필요가 있다는 것을 시사한다.

4   한국의 민주화운동 연구에서 해외에서 전개된 민주화운동에 관한 관심은 민주화운동

명해야 할 과제이다.

우리는 민주화운동 연구를 좀 더 진척시키기 위해 첫째, 민주화운동이 발생하는 지역적 맥락, 즉 민주화운동을 바라보는 남한 중심 시각과 한반도 중심 시각, 또는 동아시아 시각의 차이, 둘째, 민주화와 민주화운동의 관계, 셋째, 사회운동과 민주화운동의 관계, 넷째, 민주화(운동)의 국제적 배경이나 국제적 연대의 문제가 어떻게 다루어졌는지 질문할 수 있다.

민주화운동에서의 국제 연대는 국가 간 관계일 뿐 아니라 사회집단 또는 개인 간 관계를 포괄한다. 국내의 민주화운동 단체나 해당 국가에 거주하는 외국인 집단의 협력, 해외 이주민 네트워크, 해외에서 민주화를 지원하는 단체나 국제기구와의 우호적 지원의 복합이라고 할 수 있다.

여기에서는 1970년대의 사회운동에서 형성된 '종교적 외피'론, 1980~1990년대의 '민중운동' 특히 농민운동과 노동운동의 전개 과정, 1990년대의 '민중'으로부터 '시민'으로의 전환 과정에서 나타나는 국제 연대의 요소들을 아우르면서, 이런 사회운동의 변화를 '동아시아 냉전·분단 체제'의 변동이라는 거시적·구조적 변수와 연관 지어 설명하려고 한다. 이런 문제의식은 첫째, 동아시아 냉전의 구조 변동이 한국의 정치나 민주화(운동)에 미친 영향, 둘째, 국내에서 민주화나 민중운동의 형성에 영향을 미친 외국인들의 활동, 그리고 외국에서 민주화운동을 지원한 해외 교포 네트워크[5]나 외국인 또는 국제기구의 영향을 좀 더 적극적으로

기념사업회의 설립과 함께 형성되었다. 이에 영향을 받아 류상영(2007)은 해외 민주화운동에 관한 사료를 처음으로 정리했다.

5 2002년 '해외동포와 한국민주화운동 심포지엄'에서 그들은 "조국은 우리를 버렸지만 우

검토할 필요가 있다는 생각에서 도출되었다.

한국의 민주화운동에서의 국제 연대에 관해서는 충분한 연구가 이루어졌다고 말할 수 없지만, 몇 가지 연구는 중요한 성과라고 할 수 있다. 1970년대부터 세계교회협회의의 역할을 주목하기도 했지만(강문규, 1975), 좀더 체계적인 접근은 뒤늦게 형성되었다. 2001년 11월 성공회대학에서 개최된 심포지엄은 그 한 가지 사례이다. 여기에서는 미국, 일본, 유럽에서의 민주화운동 사례가 검토되었다. 대한기독교서회도 2004년 '한국기독자민주동지회 30년 비사'에 관한 좌담회를 열었고, 조현옥(2005)은 해외에서 이루어진 민주화운동을 본국과의 상호 관계 및 정체성 찾기의 맥락에서 연구했다. 김흥수(2007)는 한국민주화기독자동지회의 결성과 활동에 관해 연구를 했다.

조기은(2015)은 이들 간의 연대를 재일 조선인을 중심으로 고찰했다. 특히 해외의 민주화운동 중에서 '민주민족통일해외한국인연합'에 대해 상세히 연구했다. 이미숙은 1970년대의 엄혹한 통제하에 이루어진 지명관의 일본 ≪세계≫지의 익명 기고들인 「TK생으로부터의 편지」에 관한 연구로부터 시작해, 패리스 하비 Pharis Harvey 목사와의 인터뷰에 기초한 기독자 네트워크에 관한 연구, 그리고 일본의 맥락에서 본 「일한 연대 운동」에 대한 연구를 수행했다.

이런 선행 연구들은 1970~1980년대 민주화운동에서의 기독교적 네

리는 조국을 버리지 않았다"라고 표현했다(안영민, 2002). 여기에서 조국은 1970~1980 년대 권위주의 정부를 의미한다.

트워크나 해외 교포 네트워크의 중요성을 알려준다.

2. 민주화운동과 국제 연대를 바라보는 시각

1) 동아시아 냉전·분단 체제와 민주주의

동아시아 냉전·분단 체제는 한국 사회를 고립되고 제한된 단위로 상정하게 했고, 강력한 국가주의와 이에 대항하는 민족주의를 동시에 형성했다. 민주화는 이런 고립과 국가주의를 탈피하는 과정이고, 동시에 개방적인 시민적 민족주의로 나아가는 과정이라고 할 수 있다. 냉전·분단 체제의 형성과 해체라는 맥락에서 한국의 민주화와 민주화운동을 다시 성찰한다는 것은 구조와 제도, 행위의 차원들이 서로 얽혀 상호작용하는 모습을 구체적으로 분석해나가는 것을 의미한다.

동아시아 냉전·분단 체제[6]는 1945년 미소의 동아시아 분할 점령과 1946~1947년의 미소 관계의 악화, 중국 내전에 기원을 둔다.[7] 1945년

---

6   동아시아 냉전·분단 체제라는 개념은 1945년 이후의 동아시아의 사회 구성을 이해하기 위한 것으로, 백낙청이 제안한 '분단체제'론을 응용해 동아시아에 적용한 것이다. 원래 이것은 남북한 간의 적대적 상호 의존성을 핵심으로 하는 체제의 재생산 구조를 이해하기 위한 개념인데, 이를 변형해 이삼성은 '동아시아 대분단체제'론을 제안했고, 정근식은 이를 좀 더 동적으로 이해하기 위해 '동아시아 냉전·분단체제'론을 제안했다. 이것은 한국의 분단과 중국의 분단을 상호 연관된 것으로 파악할 뿐만 아니라 냉전과 분단의 상대적 자율성을 시야에 넣고 구조와 변동을 파악하기 위한 개념적 장치이다.

8월 한반도에서 일본군을 무장해제 시키기 위해 편의상 정한 38선이라는 경계는 1946년과 1947년 두 차례의 미소공동위원회의 결렬과 함께 실질적인 분단선으로 변화되었다. 그것은 한반도의 분단선이자 동아시아의 분단선이 되었다. 만주 지역을 점령했던 소련군이 다롄을 제외한 전 지역에서 1946년 5월에 철수하면서 재개된 국공 내전은 동아시아 냉전·분단의 또 다른 출발점이었다. 중국의 내전과 한국전쟁, 그리고 이어진 베트남 전쟁은 동아시아에서의 냉전이 유럽의 냉전과 전혀 성질이 다른 것임을 보여주는 것이다.

중국의 내전과 한국전쟁의 관계를 좀 더 구체적으로 검토할 필요가 있다. 1948년 9월 남북한에 모두 정부가 수립된 직후에 전개된 중국 내전의 결정적 변화, 즉 '요심 전역'에서의 공산당의 승리는 동북아시아의 정세를 근본적으로 바꾸었다. 이로부터 불과 1년 사이에 공산당은 중국 대륙 전체를 장악하면서 1949년 10월 신중국의 성립을 선포했다. 1950년 5월 하이난도를 해방시킨 중국 인민해방군의 최후 공격 목표는 타이완이었으나, 1950년 6월에 발발한 한국전쟁으로 '타이완 해방'이 연기되었다. 이뿐 아니라 중국군으로 하여금 한국전쟁에 개입하도록 함으로써 의도하지 않게 양안이 분단되었다.

이러한 국제 정세 속에서 남한과 일본에 이식된 자유민주주의와 북한에 이식된 인민민주주의, 그리고 중국의 신민주주의는 동아시아에서 민

---

7   1945년 8월과 9월에 걸쳐 소련군은 만주와 다롄, 북한과 사할린을 점령했다. 이에 비해 미군은 1945년 4월 오키나와를 점령한 후, 8월에 일본에 원폭을 투하해 항복을 받았고, 9월에 남한을 점령했다.

주주의의 의미를 혼란스럽게 만들었다. 세계적으로 볼 때 자유민주주의는 냉전적 기원을 가지고 있으며(Amadae, 2003), 인민민주주의도 마찬가지이다.

한국의 경우, 비록 3·1운동과 그 이후 임시정부에서 이념적으로나 사상적으로 '민주주의와 공화주의'에 바탕을 둔 정체를 선포했지만, 실제 제도의 차원에서 보면, 당시 식민지적 상황은 민주주의를 실현할 정치사회적 공간이 허용되지 않았다. 해방 직후 미군정은 북한의 사회혁명에 대응하면서 남한 지역에서 농지개혁과 함께 복수정당제를 도입하고 보통선거와 의회 제도도 도입했다. 한국의 민족국가 형성 과정은 미국의 동아시아 전략과 밀접한 관계를 맺고 있다.

한국전쟁은 동아시아의 냉전·분단 체제가 공고화되는 결정적 계기였다. 북한의 남한 침공으로 시작된 한국전쟁은 미국과 중국이 차례로 개입하면서 내전과 국제전이 결합된 지역 전쟁이 되었다. 동아시아 냉전·분단 체제는 미국·일본·한국·타이완을 한 축으로 하고, 소련·중국·북한을 또 다른 한 축으로 하는 두 진영으로 구성되었는데, 유럽과는 달리 지역 동맹 체제가 아니라 좀 더 느슨한 양자 동맹의 복합 체제였다. 동아시아에서의 냉전 구조에서 중요한 특징은 한국 전쟁으로 인해 중국의 지위가 소련에 못지않게 중요해졌고, 1956년부터 시작된 중소 분쟁으로 인해 북방 진영의 결속력은 상대적으로 약했다는 점이다.

동아시아 냉전·분단 체제는 상층에서의 미·중 적대, 중간층에서의 한중 적대와 북미 적대, 하층에서의 남북 적대와 양안 적대의 3중적 구조를 갖게 되었다. 한국 전쟁이 휴전으로 봉합된 이후, 1953년 한미 상호방위조약, 1954년 미국과 타이완의 상호방위조약이 동아시아 냉전·분단 체제의 틀을 보여준다면, 1958년의 양안 간 포격전이나 1968년에 고조된 북한의 남한에 대한 군사적 공세는 이 지역의 국지적 열전의 모습을 여실히 보여준다.

한국전쟁은 필연적으로 남북한 모두에서 군부의 팽창을 가져왔고, 정치권력을 군부로 집중시켜 민주주의의 위험을 제고시켰다. 두 분단국가는 정당성을 놓고 치열한 경쟁을 벌였다. 경제적 빈곤으로부터의 탈출이나 교육 및 의료는 정당성 경쟁의 주요 영역이었다. 권위주의와 민주주의의 대립과 길항은 한국전쟁의 유산임과 동시에 20세기 후반기의 동아시아 냉전에 영향을 받았다(Brazinsky, 2007). 한반도의 냉전·분단 체제는 미중 관계, 한중 및 북미 관계, 남북 관계 등의 복합이다. 이 관계들은 위계적으로 편성되어 있어서, 상위 관계의 변화와 중하위 관계의 변화가 서로 조응하지 않을 경우, 그 편차를 메우려는 에너지가 발생하게 된다.

1950~1960년대의 세계적 냉전에서는 상하위 관계의 편차가 별로 두드러지지 않았지만, 베트남 전쟁과 이에 대한 세계적 반전 평화운동(메쉬카트, 2008)은 그 편차를 만들어냈다. 1970년대 초에 시작된 미·중 화해는 양안뿐 아니라 남북한 간 적대와 대비되면서 스케일 간 편차를 증가시켰다. 미·중 데탕트는 동아시아 냉전·분단 체제의 제1차 균열이었다. 미국은 중국이 유엔에 가입하고 타이완이 축출되는 것을 인정했다. 이 시기에 남북한 관계도 7·4 공동성명으로 미·중의 화해에 동조하는 움직임을 보였지만, 거꾸로 남북 모두에서 강력한 권위주의 체제의 성

립으로 귀결되었다. 이것은 역설적으로 남한에서 강력한 민주화운동의 계기가 되었다.

1970년대의 양안 간 심리전이나 남북 간 적대적 분단체제는 이 지역에서 민주주의의 가능성을 심각하게 제약했다. 이 시기의 사회운동은 강화된 권위주의에 대한 저항이었지만, 냉전 구조의 심급 간 편차, 즉 미·중 화해와 남북 적대의 공존 상황의 산물로 바라볼 수도 있다. 1977년에 출판된 리영희의 『8억인과의 대화』는 이런 편차에 대한 인식으로 생각된다.

1979년 1월의 미·중 수교와 중국의 개혁·개방에도 불구하고 남북한은 이에 조응하는 변화를 보이지 않았다. 1979~1980년 지식인이나 학생들은 "민주화는 필연적"이라고 생각했는데 이런 인식의 원천은 무엇이었을까? 1980년 광주 항쟁과 이후 전개된 한국의 강력한 민주화운동은 이와 같은 구조적 변화와 무관한 것이라고 말하기 어렵다.

1988년 서울 올림픽, 1990년 독일 통일과 소련 해체는 세계적으로 탈냉전의 시대를 열었다. 동아시아에서도 큰 변화가 일어났다. 1990년 한러 수교, 1992년 한중 수교를 통해 동아시아 냉전·분단 체제는 제2차 균열이 생겼다. 그러나 북미 관계, 북일 관계가 정상화되지 못함으로써 동북아시아의 탈냉전은 비대칭적인 것이 되었다. 만약 1992년의 중요한 전환기에 남북한 교차 승인이 이루어졌더라면, 동아시아는 유럽처럼 탈냉전 시대를 맞이했을 것이다. 그러나 북미 간 불신이 지속되면서 교차 승인은 이루어지지 않았고, 북한은 국제적으로 고립되었다. 북한의 정치경제적 위기는 '고난의 행군'으로 표현되었다. 이때부터 북핵 문제가 지역 안보를 위협하는 중요한 변수로 등장하기 시작했다.

이러한 동아시아 냉전·분단 체제의 변화 과정에서 민주주의와 민주화운동은 어디에 위치하는가? 전 세계가 냉전 체제 속에서 민주주의는 자유민주주의와 인민민주주의로 구분되었고, 강력한 체제 경쟁이 전개되었다. 미국은 동아시아 지역에서 자유 진영을 구축하면서 자유민주주의를 이식했는데, 일본의 평화헌법과 한국의 제헌헌법은 모두 이를 배경으로 만들어졌다. 그러나 냉전과 분단이 복합된 지역에서 자유민주주의는 현실이라기보다는 이념이었다. 자유민주주의는 교과서에는 존재했지만, 현실에서는 안보를 이유로 유보되었다. 미국은 동아시아에 민주주의라는 가치를 이식했지만, 이를 실현하기 위해 적극적으로 개입하지는 않았다. 이 때문에 규범적 이상으로서의 자유민주주의와 현실로서의 권위주의 독재의 간극을 메우려는 밑으로부터의 운동 에너지가 형성될 수밖에 없었다.

1960년 한국의 4월 혁명은 동아시아 민주주의 역사에서 매우 독특한 위치를 차지한다. 자유민주주의의 이념이 밑으로부터의 에너지와 결합해 정치권력을 결정한 최초의 사례이기 때문이다. 그러나 민주주의에 대한 요구가 냉전·분단 체제를 극복하려는 힘으로 전환되는 순간 민주화운동은 위기를 맞았다. 미국의 5·16 군사 쿠데타에 대한 태도는 이를 대변하고 있다.

동아시아에서의 민주화운동은 자유민주주의를 배경으로 성장했다. 여기에서 민주주의는 공정선거나 정당정치와 같은 의미로 받아들여졌고, 언론·집회·결사의 자유에 기초를 두고 있었다. 이와 같은 민주주의 이념은 청소년 교육이 이루어지는 학교에서 체계적으로 보급되었고, 기독교 교회나 시민사회 영역에 강력히 자리 잡았다.

2) 민주화의 맥락

한국에서 민주주의가 이념과 제도로 도입된 이래로 한국전쟁과 그 유산, 그리고 제도와 실천 역량의 괴리 때문에 민주주의는 충분히 작동을 하지 못했다. 한국의 사회운동사는 한국 전쟁에 의해 공고화된 동아시아 냉전·분단 체제하에서 국가에 집중된 정치사회적 권력을 해소하고 민주화하려는 집합적 노력이었다. 전쟁을 경험한 생존 지향형 사회에서, 제도적으로 도입되고 관념적으로 학습된 민주주의는 주로 학교 현장에서 성장했다. 한국 현대사에서 사회운동은 학생 주도의 민주화운동(자유권 운동), 학생 및 진보적 시민사회의 자주권 운동, 민중운동이라고 불리는 사회권 운동, 그리고 사회적 주체들의 성찰적 정체성 운동 등이 차례로 또는 혼합적으로 출현하면서 전개되었다.

어느 사회나 사회운동을 보장하고 동시에 통제하는 장치로 법체계가 존재한다. 사회운동은 일종의 대가를 치러야 하는데, 자유권적 요구는 상대적으로 적은 대가를 치르지만, 사회권적 요구나 자주권적 요구는 더 많은 대가를 치른다. 이 때문에 1960~1970년대 민주주의에 대한 요구는 주로 '세계적 냉전을 만들어낸 창법적 권력'과 밀접한 관련을 가진 기독교적 힘들에 의존하지 않을 수 없었고, 사회권 요구와 함께 냉전·분단 체제에 도전하는 자주권적 요구는 1980년대 민주화운동 과정에서 제기되었다.

민주화는 흔히 민주화운동의 성공의 결과로 인식된다. 그러나 '민주화운동의 실패'가 존재한다는 것은 민주화운동이 항상 민주화로 귀결되는 것은 아님을 보여준다(손호철, 2003). 민주화운동을 통한 민주화는 민주주의라는 가치를 신봉하는 집단의 존재, 이를 실현할 수 있는 환경 또는 기회구조, 그리고 운동 주체의 효율적인 자원 동원이라는 사회운동 외에 선거에서의 승리라는 또 하나의 후속 국면을 포함하게 된다.

민주화운동 조직은 이질적 요소를 가진 집단들을 통합하면서 외부의 잠재적 지원 집단들과 연대해 현실을 변화시킬 수 있는 역량을 최대화하려고 한다. 따라서 민주화운동 조직은 해외에 거주하는 이주민들이나 지원집단을 찾아 자신들의 대의를 호소하고 지원을 받기 위해 노력한다. 그러나 냉전 시기의 민주화운동은 자유주의 진영 내부의 네트워크에 국한되었다.

한국의 현대사를 민주주의 수준에 따라 평가한다면, 두 번의 U 커브가 존재한다. 하나의 커브는 1960년 4월 혁명을 출발점으로 해 5·16 군사 쿠데타를 거쳐 1969년 3선 개헌, 1972년 10월 유신으로 하강 곡선을 그리는 국면이다. 1975년 긴급조치 9호로부터 1979년까지 최저 수준의 민주주의가 지속되었다. 1980년 '서울의 봄'에서 민주주의 회복의 기대가 급속히 상승하는 짧은 국면을 거쳐 5·18로 역사상 최저 수준의 민주주의를 보여주었다. 이후 1984년 유화 조치, 1987년 6월 항쟁으로 민주주의는 조금씩 회복되어, 1992년과 1997년 대통령 선거를 거치면서 정점에 이르렀다. 이 국면이 약 40년간의 큰 U 커브이다. 2008년 이명박 대통령 집권 이후 한국 민주주의는 서서히 후퇴했고 박근혜 대통령 시기에 최저점을 기록한 이후 촛불 대집회와 대통령 탄핵을 통해 상승하는 약 10년간의 작은 U 커브가 있다.

U 커브를 두 차례 그리는 동안, 4월 혁명과 5·18에서의 희생은 민주화를 추동하는 내적 에너지를, 자유 진영의 지원과 연대는 외적 에너지를 제공했다. 큰 U 커브를 그리는 동안 한국에서 민주주의 발전은 상수로 간주되었으나 작은 U 커브 기간에 민주주의는 항상 발전하는 것이 아니라 종종 후퇴할 수도 있다는 것 또는 발전과 후퇴가 반복될 수 있다는 것을 인식시켰다.

경제 발전과 민주화의 관계는 오랫동안 세계적 학계의 주된 질문이었다. 특히 불평등과 경제 발전, 민주화의 상호 관계는 분석의 초점이 되고 있다(Houle, 2016). 보아(Carles Boix, 1998)는 불평등이 낮을 때 민주화가 진행되기 쉽다고 본 반면, 아세모글루와 로빈슨(Acemoglu and Robinson, 2014)은 불평등이 중간 수준일 때 민주화가 진행되기 쉽다고 보았다. 이들은 독재 체제를 이끌어가는 엘리트가 중간층 투표자의 이반 가능성에 불안감을 느껴 정책을 변경할 때 민주화가 이루어진다고 본다. 앤설과 새뮤얼스(Ansell and Samuels, 2010)는 계약주의적 이론에 기대어, 민주화는 신흥 경제 집단들이 국가로부터 자신들의 이익을 방어하려고 할 때 이루어진다고 본다. 이들은 토지 불평등과 소득 불평등이 민주화에 미치는 영향이 다르며, 소득 불평등이 민주화를 증진시킨다는 기존의 상식과는 달리 평등한 토지 분배 요구가 독재자들이 민주화를 추진하도록 하는 경향이 있다고 주장한다.

3) 국제 연대에 관한 시각과 자료

한국에서 국제 연대는 식민지시기에 발전되기 시작했다. 그것은 민주주의라기보다는 주로 제국주의에 반대하는 다양한 사상적 흐름에 기반을 둔 것이었다. 이때의 국제 연대는 국제 사회주의 이념이나 아나키즘이라는 사상에 많은 영향을 받았고, 노동운동이나 신분 해방 투쟁은 국제연대를 발전시키는 주요 동력이었다(김중섭, 2009; 한상도, 1999, 2006, 2015; 조세현, 2008; 조은경, 2010).

앞서 언급했듯이, 세계적 냉전과 한국의 '분단'은 국제 연대의 성격을 규정하는 결정적 변수였다(임경화, 2015). 한국 사회는 미국과 일본, 그리고 타이완, 필리핀 등으로 구성되는 '자유 진영'에 속했으므로 소통과 연대의 범위는 냉전적 진영 논리에 종속되었다. 냉전하에서의 민주주의는 양면적 성격을 갖는 모순적 존재였다. 이념적으로 민주주의는 체제에 정당성을 제공하는 이념이었으나 실제 국가권력은 민주주의보다는 권위주의에 가까웠고, 군부 쿠데타 이후에는 독재에 속했다.

냉전 초기의 국제 연대는 민주주의보다는 자유를 지키기 위한 것으로 상정되었다. 사회는 국가에 의해 통제되었으며, 자율적 사회운동의 영역은 위축된 상태였다. 또한 권위주의적 군부하에서 민주화운동은 매우 많은 '비용'을 지불해야 하는 행위에 속했고, 이 비용을 낮출 수 있는 기회는 극히 제한되었다. 민주화를 위해 소통이나 연대를 도모할 수 있는 주체는 기독교를 배경으로 하거나 미국 또는 유럽적 배경을 가진 인사들에 한정되었다.

동아시아의 민주화운동을 이해할 때 제기되는 미묘한 쟁점은 미국화의 문제이다. 미국화는 정치적 차원의 자유민주주의, 경제적 차원의 자본주의적 시장경제, 문화적 차원의 기독교적 복음주의의 강화를 의미한다. 권위주의 정부에 도전하는 세력이 내세우는 민주주의와 인권이라는 가치가 이런 미국화와 어떻게 관련을 맺느냐에 따라 국제적인 연대의 모습이 달라질 수 있다.

한국전쟁 이후의 한미·동맹 체제하에서 한국의 민주주의는 미국의 전략에 의존하는 측면이 강했다. 유엔의 공식 기구 외에 유럽을 배경으로 하는 세계교회협의회가 한국전쟁기부터 한국에 많은 관심을 기울였고(김흥수, 2001, 2003), 민주주의의 성장에도 관심을 가졌다(백용기, 2009).

권위주의 정부하에서 민주주의를 위한 국제 연대는 첫째, 국내의 민주화운동 집단이 어떻게 외부의 지원에 의해 형성되는가, 둘째, 국내외에 거주하고 있는 외국인들이나 비정부 조직들이 어떻게 민주화운동을 지원하는가, 셋째, 해외에 있는 한국인들이 국내의 민주화운동에 어떻게 참여하는가에 따라 달라진다.

4월 혁명에서 민주주의를 지향하는 학생들과 정치세력은 큰 승리를 구가했지만, 1961년 군사 쿠데타로 집권한 박정희 정부하에서 민주주의는 민감한 정치적 쟁점이었다. 민주화를 요구하는 학생들을 지원하는 집단은 소수의 지식인을 제외하면 거의 없었다. 단지 한국에서 활동하는 선교사나 기독교 또는 가톨릭을 배경으로 하는 인사들의 후원을 받았다. 1970년대에 발생한 김대중 납치사건과 '인혁당' 사건은 해외에서 관심을 갖고 한국의 민주주의를 들여다보게 하는 최초의 계기가 되었다.

사회적 연대에 관한 연구가 많이 존재하지만(Hechter, 1988; Doreian and Fararo, 1998; Arnsperger and Varoufakis, 2003), 특히 민주화에서 국제 연대의 중요성은 오래전부터 인식되어왔다. 민주주의를 위한 국제 연대는 냉전기에 주로 기독교와 인도적 국제기구의 역할이 매우 중요했다(Dunning, 2004). 1970년대 후반에 이르면 다른 제3세계에서처럼 한국의 민주화에서도 제재와 외부의 원조가 강조된다(Dunning, 2004). 미국 카터 정부의 인권 외교는 한국의 민주화운동에 대한 국제적인 지원과 연대 문제를 부각시켰다.

우리는 민주화운동에서 연대의 네트워크를 몇 가지로 구분할 수 있다. 해외 교포를 통한 연대, 국제기구나 단체를 통한 연대, 외국인과의 개인 네트워크를 통한 연대가 그것이다. 연대의 방식 또한 교육, 경제적 지원, 공동 행동 등 다양하다. 한국의 민주화운동사에서 나타나는 국제 연대나 지원은 크게 유럽으로부터의 지원과 미국으로부터의 지원, 일본 교민과 시민사회 네트워크로부터의 지원이 중요하게 작동했다. 국제기구를 통한 지원은 일본·홍콩·싱가포르 등의 거점 지역을 거쳐 이루어졌다.

그러나 민주화운동은 냉전 분단 체제 자체를 극복하려는 지향이 내재되어 있기 때문에, 필연적으로 내부 분열과 갈등 가능성을 안고 있을 수밖에 없었다. 4월 혁명 후의 통일운동, 1970년대 민주화운동에서의 목표의 차이, 1987년 6월 항쟁 이후의 북한바로알기 운동 등은 이런 목표의 차이가 민주화운동 내부에 존재하고 있는 것을 잘 보여주며, 이런 차이가 국제 연대의 형성 과정에 영향을 미친다.

표 1-1_ 민주화운동기념사업회 초청 '해외 민주인사'의 분포

연도	미국	캐나다	유럽	일본	기타	계
2002	15	3	1	30	2	51
2003	16	1	6	8	1	32
2004	8	1	5	4	1	19
2016	2	1	4	1	3	11
계	41	6	16	43	7	113

주: 민주화운동기념사업회 자료에서 작성, 부부 동반자 제외.

　한국의 민주화운동에서 이루어진 국제 연대를 구체적으로 파악할 수 있는 자료는 무엇인가? 그 한 가지 답은 민주화운동기념사업회가 수행했던 해외 민주 인사 초청 사업에서 찾을 수 있다. 2002년 1월에 출범한 민주화운동기념사업회는 그해 10월, '해외 민주 인사' 67명을 초청했고, 국회에서 초청간담회를 했다.[8] 이것이 전례가 되어 2003년에는 '해외민주인사 명예회복과 귀국보장을 위한 범국민 추진위원회'가 결성되고, 해외 민주 인사 64명의 귀국 사업을 추진했다. 여기서 "간첩이나 반국가 인사로 인식돼 고국 방문이 금지된 해외 인사들"에 대한 조사 여부가 정치적 쟁점이 되었고, 정부는 송두율·김영무·정경모를 제외한 61인에 대해 조사 없이 귀국을 허용하기로 했다.[9] 민주화운동기념사업회는 해

8　이들이 국회를 방문했을 때, 이들을 대표해 일본인 변호사 나카히라 겐기치(中平健吉)가 인사를 했는데, 그는 영국의 엠네스티 본부로부터 한국의 인권 상황에 대해 보고서를 작성해달라는 부탁을 받고, 한국과 인연을 맺었다.

9　http://news.khan.co.kr/kh_news/khan_art_view.html?art_id=200309051820331#csidx9c9599ff6634cccb386affea86c5786

외민주인사 한마당 행사를 위해 모두 51명의 해외 민주 인사를 초청했는데, 실제로 입국한 사람은 33명이었다(≪경향신문≫, 2003.9.17). 노무현 대통령은 이들을 청와대로 초청해 사의를 표했다. 2004년 '해외민주인사 한마당' 행사에는 8개국 18명의 인사가 참여했다. 노무현 대통령은 2004년에도 해외민주인사 20여 명을 청와대로 초청했다.

언론보도와는 달리 민주화운동기념회의 자료에 따르면, 해외 민주 인사로 초청된 사람은 2003년 46명, 2004년 24명이었다. 2002년부터 2004년까지 3년간 총 137명이었고, 부부 동반자를 제외하면 102명이었다.

민주화운동기념사업회의 해외 민주인사 초청사업은 한동안 중단되었다가 2016년 재개되었다. 6·10 민주항쟁 29주년에 이루어진 '2016 민주주의 국제 연대 세미나'에 11명이 초청되었다. 이렇게 4년에 걸쳐 초청된 '해외민주 인사'는 148명이었는데, 이 중 부부 동반자를 제외하면 113명이었다.

이들을 국적별로 구분해보면 미국 41명, 캐나다 6명, 독일과 프랑스 등 유럽 16명, 일본 43명, 필리핀, 홍콩, 타이완, 인도네시아, 호주 등 기타 국가 출신이 7명이었다. 이들은 대체로 기독교 교회를 배경으로 하는 국제기구나 단체 소속이었으며, 언론인이나 대학교수, 외교관 등이 드물게 있었다. 이런 분포는 곧 한국 민주화운동의 국제 연대 네트워크의 구조를 보여준다.

이들은 1970년대 김대중 납치 사건이나 김지하 구명 운동, 인혁당 사건을 계기로 한국의 민주화와 인권 문제에 개입하거나 1980년대 김대중 구명운동이나 통일운동, 노동운동과 관련해 '민주 인사'가 되었다.

그러나 2003년의 논란에서 볼 수 있듯이 국제 연대의 대상이자 주체였던 '해외 민주 인사'들 중 상당수가 한국의 민주주의뿐 아니라 인권 문제에 깊게 개입했고 분단 상황을 타개하려는 활동을 했기 때문에, 이들을 바라보는 한국 사회의 시각은 분열되어 있었다.

민주화운동기념사업회는 2002~2003년도 해외 민주 인사 초청 사업 당시에 9명의 구술을 받았다. 2007년에는 짐 스텐츨Jim Stentzel이 '월요모임'에 참여했던 사람들의 회고를 모아 『시대를 지킨 양심』이라는 책을 출판했는데, 민주화운동기념사업회는 이에 자극을 받아 2015년부터 해외 민주화운동 관련 인사들을 대상으로 구술 사업을 수행했다.

3. 1970년대 민주화운동과 국제 연대의 형성

1) 기독교적 사회운동과 국제 연대

2000년 1월, '민주화운동 관련자 명예회복 및 보상 등에 관한 법'이 제정되었을 때 '민주화운동'은 1969년 8월 7일 이후 시작된 것으로 규정되었다. 이것은 그해에 이루어진 3선개헌을 염두에 둔 것이다. 그 후 이 규정은 1964년 3월 24일 이후로 변경되었다. 이것은 한일회담 반대 투쟁을 염두에 둔 것이다. 이처럼 민주화운동에 대한 법적 규정은 유동적일 수밖에 없다. 또한 냉전과 분단 상황이 이에 대한 규정을 어렵게 한다. 정치민주화에 한정하는 좁은 의미의 민주화운동과 사회적·경제적 차원을 포함하는 중간 범위의 민주화운동, 통일과 평화운동을 포함하는 넓은 의미의 민주화운동이 존재할 수 있다.

한국의 민주화운동은 이처럼 어떤 시각에서 보느냐에 따라 다르게 규정되지만, 국내의 주요 사건이 민주화운동의 정의에 작용하고 있다. 1969년 3선 개헌, 1972년 10월 유신, 1980년 5·18, 1987년 6·29 선언 등이 민주주의의 방향을 결정한 주요 사건들이라면, 1973년 김대중 납치, 1974년 인혁당 사건, 1975년의 긴급조치 9호와 노동운동에 대한 탄압, 1979년 크리스천 아카데미 사건 등은 외부적 지원과 국제 연대를 만들어내는 사건사적 계기들이다. 1960년대 평화봉사단으로 활동했던 에드워드 베이커(Edward J. Baker)는 2004년 해외민주인사 간담회에서 자신의 한국 민주주의에 대한 관심은 1967년의 동베를린 사건과 1969년의 3선개헌에서 싹트기 시작했다고 밝혔다.

냉전·분단 체제하에서 시민사회는 국가권력에 맞설 수 있는 역량이 부족했기 때문에 자유 진영에 뿌리를 둔 기독교적 네트워크는 민주화를 위해 에너지를 얻는 원천이었다. 1950년대 말 미국 선교사들의 주도로 개신교의 산업 전도가 시작되었고(장숙경, 2013), 1968년에 산업 선교로 활동 방향을 전환했다. 산업 선교 활동 초기에는 노동자, 기업가 모두를 대상으로 전교·봉사 활동을 전개했지만, 그 효과는 제한적이었다. 도시 산업 선교에 참여한 선교사와 목회자들은 노동자들 삶의 현실에 주목하면서 노동 조건 개선과 민주 노조 건설을 지원하는 사회운동을 전개했다. 대한예수교장로회 통합, 기독교대한감리회, 한국기독교장로회 등의 교단별 산업선교회는 1971년 '한국도시산업선교연합회'를 구성했다.

10월유신 이후 도시산업선교회는 그동안 협조 관계를 유지하던 한국 노총과의 관계를 단절하고 본격적으로 민주 노조 운동 지원을 벌였다 (임송자, 2010). 도시산업선교회의 노동자 교양 교육과 조직은 노동자들이 자발적으로 참여하는 소모임 형식으로 이루어졌다. 당시 노동자들은 정부, 사측으로부터 법적 권리마저 박탈당하는 상황에서 소모임 활동을 통해 사회적 의식을 성숙시켜나갔다(장숙경, 2013). 1970년대 도시산업선교회가 지원한 주요 노동쟁의, 민주 노조 건설 사례로는 한국모방, 반도상사, 동일방직, 대일화학, 해태제과, 동남전기 등이 있다. 이러한 산업 선교 과정에서 인천산업선교회, 영등포산업선교회 등의 목사, 실무자, 노동자들이 구속, 고문, 해고 등을 당했다. 도시산업선교회의 활동과 국가권력의 충돌은 1974년 인혁당 사건으로 추방된 조지 오글 George E. Ogle 목사가 대변한다(이상록, 2015).

여기에서 알 수 있듯이 10월유신은 한국에서 국제 연대가 형성되는 중요한 계기였다. 한국기독교교회협의회NCCK의 김관석 총무를 중심으로 세계교회협의회WCC의 박상증, 세계기독학생연맹WSCF의 강문규, 도쿄에 있던 아시아기독교협의회CCA와 도시농어촌선교협의회URM(Urban Rural Mission)의 오재식, 미국연합감리교회 손명걸, 미국연합장로교회 연합선교부 이승만, 도쿄여자대학 지명관, 재일한국교회의 이인하 등이 해외 한국인 네트워크를 구성했다.

이런 한국인 네트워크는 1975년 나이로비에서 열린 제5차 WCC 총회와 밀접한 관련을 맺었다. 여기에서 한국의 민주화 투쟁을 지원하기 위해 국제적으로 인적, 교회기관 네트워크를 구축하자는 합의가 도출되었기 때문이다. 이에 기초해 캐나다에 있던 김재준의 지휘로 '한국 민주주의를 위한 국제 기독자 네트워크ICNDK'가 조직되었다.[10] 한국기독자민주동지회는 1975년 11월 제네바에서 결성되었다. 이들은 한국의 민주화운동을 세계와 연결하고 연대 강화를 꾀해 국내의 민주화운동 특히 한국기독교교회협의회KNCC의 활동을 지원하는 것을 기본 방침으로 삼았으므로, 그 활동에 부담을 주는 활동은 하지 않으려고 했다. 이들은 오재식과 손명걸이 중심이 되어 한국학생기독교운동협의회KSCC를 지원했다. 1976년 5월에 이루어진 시카고 회의를 통해 이들은 친북 단체로 의심받는 사람들과의 교류와 협력을 자제했다. 특히 일본에서 활동하던 한민통의 이과 재정에 불투명한 점이 있다고 판단해 이들과 교류를 단절했다.

조기은(2015: 208)에 따르면, 오재식은 일본기독교협의회의 ≪한국통신≫에 기고한 글에서 한민통의 주장이 북한의 주장과 크게 다르지 않으며, 북한을 지지하는 것이 국내 운동에 지장을 초래할 수 있다고 보고 이들과 거리를 두었다. 지명관도 한민통의 입장이 미군 철수와 '선통일 후민주'론이며, 이들과의 연대가 국내 민주화 세력을 고립시키고 궁지에 몰아넣을 염려가 있다고 보았다. 이런 견해는 전체 해외 민주화운동의 연대에 영향을 미쳤고, 또한 기독교 운동 내부의 긴장감을 높였다.

---

10 2016년 6월 항쟁 29주년 기념으로 열린 민주화운동기념사업회의 국제 연대 세미나에서 박상증은 환영사를 통해 이렇게 증언했다.

2) 민주화운동에서의 국제 연대의 발전

한국의 민주화는 아래로부터의 민주화운동, 위로부터의 정책, 외부로부터의 지원과 압력의 복합적 과정이며, 1971년부터 1987년까지, 그리고 1987년부터 1998년까지의 국면으로 구분된다. 이 국면들에서 다양한 국제기구나 개인적 네트워크가 어떻게 작동했는지, 주요 행위자들이 어떻게 활동했는지를 규명할 필요가 있다. 민주화가 민주화운동의 배타적 결과는 아니지만, 주요한 부분을 민주화운동에 빚지고 있다. 민주화운동을 구성하는 학생운동, 종교운동, 노동운동, 농민운동, 여성운동, 정치운동이 어떻게 내적 연대와 외적 연대를 형성했는지에 주목하면서 민주화운동사를 재해석할 필요가 있다.

일본의 민단계 재일 조선인과 미국, 서독 등에 거주하는 한국인들은 민주민족통일해외한국인연합(한민련)을 결성하고 활동해왔는데, 이들 간에는 이념과 통일 문제를 둘러싸고 갈등이 있었다. 일본에서 활동한 한국민주회복통일촉진국민회의(한민통) 일본 지부가 이런 분쟁과 갈등의 중심에 있었다. 한민통은 일본에서 한국의 민주화운동을 주도하면서 해외 한국인들과의 연대를 추진했다. 원래 이들과 연대를 맺어온 사람은 1960년 4월 혁명 이후 유엔 대사로 활동하다가 5·16 군사 쿠데타가 발생하자 미국에 머물면서 한국 민주화운동을 펼친 임창영이었다. 일본에서 한국의 민주화운동을 시작한 사람은 민단에서 배제된 배동호였다. 이들이 서로 연락하면서 일본과 미국의 해외 동포들 간의 연대가 시작되었다. 임창영은 월간지 《국민의 소리》를 발간하면서 민주화운동을 전개했다. 일본에서는 1972년 8월 민족통일협의회(민통협)가 결성되었고, 기관지로 ≪민족시보≫를 발행하기 시작했다. 이 매체들을 통해 1973년부터 연대가 시작되었다. 1973년 1월 21일 ≪뉴욕타임스≫에 배동호와 임창영은 박정희의 민주주의 억압에 항의하는 기사를 게재했다(조기은, 2015: 184). 이후 스웨덴에서도 '재북구 한국교포 한국민주수호 국민전선'의 활동이 형성되기 시작했다.

1973년 8월 15일, 일본에 와 있던 김대중을 중심으로 해외에서 유신정권에 반대하는 운동을 전개하기 위해 설립된 조직이 한국민주회복통일촉진국민회의(한민통)이다. 한민통 결성 직전에 김대중 납치 사건이 발생했는데, 김재화·배동호 등은 어려움을 무릅쓰고 8월 15일 결성 대회를 열었다. 이들은 일본에서 한국 민주화운동의 정당성을 호소하는 활동을 펼쳤다.[11]

1975년 2월 재일 조선인과 해외 한국인들은 민주 단체 공동성명을 통해 2월 12일을 '민주 회복의 날'로 정하고, 본국의 민주화운동과 통일운동을 지지하고 지원하며, 미국이나 일본 정부의 박정희 정권에 대한 원조를 중지하도록 요구했다. 한국 정부는 이들을 '불순분자'로 간주했다. 1976년은 해외 한인들 간의 연대뿐만 아니라 외국인들의 연대가 강화되는 해였다. 8월 12일부터 14일까지 세계 16개국의 평화운동가, 작가, 목사 등 외국인 25명, 그리고 민단계 재일 조선인, 해외 한국인, 일본인

---

11 중심인물은 곽동의이다. 그는 해외 민주·통일운동의 거목이라는 평가와 친북 인사라는 상반된 평가를 받고 있다. 1989년 한민통은 한통련으로 개편되었다.

등 66명이 참가해 '한국 문제 긴급 국제회의EICK'가 개최되었다. 이들은 한국 문제를 제3세계의 일부로 인식했다. 이들은 같은 해 9월, 한국에서 이루어지고 있는 「3·1 민주구국선언」에 대한 탄압을 비판하는 성명을 발표했다.

1977년 1월 15일, 미국에서 '한국민주화연합운동'이 결성되었다. 이들은 미국과 캐나다 정부에 한국 민주화운동을 지원하도록 요구하고, 북미 한국인의 정치 의식화, 일본 동포와의 연대와 공동 투쟁을 목표로 삼았다. 이들은 8월 15일에 한국 민주화운동 세계 연합 대회를 개최하기로 결의했다. 이로써 한국 민주화운동과 일본·미국·유럽의 연대가 강화되어갔다. 이들의 결의대로 1977년 8월 12일부터 3일간, 도쿄 우에노에서 '해외한국민주화운동 대표자회의'가 개최되었다. 이 회의에는 세계 11개국 104명이 참여해, 해외 민주 단체들의 연대·연합 조직 결성이 논의되었다. 이들은 국내 민주화운동에 대한 지지, 해외 한국인 간의 협조와 연대 강화, 국제연대운동의 확산 등 세 가지 방향의 활동 지침을 정하고, 민주민족통일 해외 한국인연합(한민련)을 결성했다. 한민련 가입 단체는 일본, 미주, 유럽으로 구분된다. 국내의 민주화와 해외에서의 통일 문제가 결합되는 양상이었다. 국내와 해외의 억압 수준의 차이가 이런 조직의 결성과 활동에 작용했다.

한민련은 박정희 정권의 독재로 인한 국가의 자주성 훼손, 한국 사회의 불평등, 민주주의적 권리의 억압, 북한과의 이념적 대립에 주목하면서 이의 해결을 민주화운동의 목표로 설정했다. 이들은 민주화와 통일을 함께 추구하면서 민주화의 최종 목표로 통일을 상정했으므로, '선민주 후통일' 전략을 취한 셈이었다.

한민련은 의장, 국제사무국, 지역사무국을 일본, 미국, 유럽 지역의 대표들이 분담하는 형태로 조직되었다. 이들은 기독교 관계자, 박정희 정권에 의한 탄압받은 이력이 있는 이들 등으로 구성되었다. 한민련은 한국 내의 민주화운동을 지지하고 지원하는 입장이었고, 「3·1 민주구국선언」과 「구국 헌장」에 따르는 것을 원칙으로 삼았는데, 이렇듯 보조적인 입장에만 머무르는 것을 놓고 이견이 존재했다. 기독교 인사들은 상대적으로 반공주의적 인식이 강했던 반면, 한민통의 배동호와 미주국민연합의 임창영은 주한 미군의 존재, 미국과 일본의 독재 정권 원조를 강력히 비판했다. 재독 민주사회건설협의회 의장인 윤이상도 해외 한인의 적극적 활동을 지지했다. 민주화운동에 대한 한국 내의 통제 수준과 해외의 통제 수준의 차이는 이들의 입장을 분화시켰다. 반공주의와 반미주의의 편차가 이들 사이에 존재했고, 이것이 연대의 진전을 방해했다. 이와 같은 입장의 차이는 '선민주 후통일'론과 '선통일 후민주'론으로 분화되기 시작했다. 전자는 한국기독자민주동지회, 김대중 지원 조직 등이 중심이었는데, 이들의 입장을 비판하는 견해들이 1977년에 이르러 나타나기 시작했다.

이와 함께 일본을 중심으로 활동 중인 한민통에 대한 의혹의 시선이 한국 정부의 전략과 맞물려 증폭되기 시작했다. 재서독 민주사회건설협의회에 대한 시선도 한민통과 유사했다. 세계적인 냉전의 상황에서 민주화운동은 이처럼 정치사회적 경계 넘기의 위험을 항상 내포하고 있었다. 1978년 6월 한국의 대법원은 재일 조선인 유학생 김정사의 간첩

활동을 인정하며 한민통을 반국가 단체로 판결했다. 이는 해외 민주화 운동의 연대를 제약하는 상징적 사건이었다. 이 사건의 여파로 1987년 유럽의 사회운동은 재유럽 민족민주운동협의회를 중심으로 재편된다.

냉전의 발전은 동아시아 민주화운동을 규정하는 또 다른 힘이다. 미국은 1961년 한 해에만 2.61억 달러를 한국에 투자했다(프레이저 보고서, 163쪽 참조). 이들의 지원이 한국의 공산화를 우려한 데서 시작되었지만, 재정 지원을 넘어선 국가 개발 계획을 제공함으로써 냉전 발전의 모범국이 될 수 있었다. 그러나 냉전의 발전은 국가의 시민사회에 대한 억압, 민주화운동에 대한 통제를 전제로 지속될 수 있었다. 이런 흐름에 제동이 걸린 것은 1970년대 후반이다. 학생들과 종교계의 저항이 커지는 시점에서, 1977년 카터 대통령은 인권 정책을 채택해 박정희 정부를 압박했고, 이것이 한국의 민주화운동에 영향을 미쳤다. 미국은 경제성장과 정치 발전을 시차를 두고 지원하고 압박한 셈이다. 카터의 인권 외교는 미국 국회에서 열린 프레이저 위원회의 청문회와 연관된다. 당시 해외 망명 중이던 김형욱 전 중앙정보부장이 직접 출석해 박정희 정권의 치부에 관해 여러 가지 증언을 했다. 1977년 11월 29일에 위원회가 작성한 프레이저 보고서에는 단순히 당시 한국의 경제 정책에 관한 이야기만 담긴 것이 아니라, 박정희가 어떤 인물인지 어떻게 정권을 잡았는지 어떤 정책을 쓰고 있는지 등 박정희 정권의 모든 것이 담긴 보고서였기 때문에 미 의회에서 일으킨 파장은 컸다.[12] 총 447쪽 분량으로, 박

---

12 도널드 프레이저(Donald Fraser) 의원을 중심으로 마이클 해링턴(Michael Harrington),

정희 대통령이 친위 조직인 중앙정보부를 통해 정권에 유리하도록 미국 사회에 영향을 미치려고 했다는 내용도 기술되어 있다.

보고서에는 남한 측에서 백악관 내부에 정보망을 심고 미국 의회와 뉴스·성직자·교육자들에게 영향을 미칠 계획을 획책했다는 내용과 더불어, 통일교의 문선명에 관한 내용, 중앙정보부가 통일교 신도들을 미국 의회 사무실에 자원 봉사자로 취직시켜 통일교를 미국 내 정치 공작 수단으로 사용하려고 한 정황, 중앙정보부와 통일교가 '한국문화자유재단Korean Cultural Freedom Foundation'이라는 비영리단체를 조직해 남한의 입장을 대변하는 선전 수단으로 활용했다는 사실을 밝혔다.

동아시아 냉전·분단체제론의 시각에서 바라보면, 한국의 민주화운동은 1969년 빌리 브란트Willy Brandt의 동방 정책과 1971년에 시작된 미·중 데탕트의 영향을 받으면서 재구성되었고, 특히 1971년의 대통령 선거와 김대중 후보의 패배가 큰 영향을 미쳤다. 또한 1972년의 유신 체제 출범, 1975년 긴급조치 9호는 민주화운동과 인권 운동을 결합시키는 중요 계기였다.

아울러 1979년 1월의 미중 수교와 1992년 한중 수교 사이의 시간적 지체와 상위의 화해와 하위의 강력한 통제 간의 구조적 낙차가 사회운동과 민주화운동이 국제적으로 연대하는 데 에너지를 제공했다. 1992년의 비대칭적 탈냉전, 즉 한국은 러시아 및 중국과 관계 정상화를 이루었지만,

---

에드워드 더윈스키(Edward Derwinski) 의원이 작성했다. 그래서 보고서의 이름이 「프레이저 보고서」이다.

북한은 미국이나 일본과 관계 정상화를 하지 못한 상황은, 이후 동아시아의 사회변동을 규정하기 시작했다. 대칭적 탈냉전과 탈분단을 향한 에너지가 한국의 사회운동을 민주화운동을 넘어 통일운동과 평화운동으로 나아가게 했다.

4. 1980년대 국제 연대의 발전과 1990년대의 전환

1) 5·18 광주민주항쟁의 충격과 국제 연대

1980년 5월의 광주민주항쟁은 한국 민주화운동의 가장 큰 전환점이자 국제 연대의 양상을 변화시킨 결정적 계기였다. 5·18의 충격은 한국 사회에서 '국가'의 의미를 성찰하게 했고, 미국의 위상과 역할을 재고하게 했다. 냉전·분단 체제에서 국가는 '안보'와 '경제성장'이라는 두 가지 수단을 통해 지속적으로 정당화되고 신화화되기까지 했는데, 1980년 5월 시민들에 대한 적나라한 폭력의 주체로 재현되면서 '국가 폭력'이라는 개념이 탄생했다. 나아가 한국에서 '미국'의 의미에 대한 근본적 질문을 제기하도록 했다. 민주주의의 수호자라는 미국의 이미지가 부정되었고 (말 편집부, 1987), 민주화운동을 '변혁 운동'으로 급진화시켰다(조대엽, 2005). 이 때문에 1980년대 학생운동의 이념은 '변혁'으로 집약되고, 이른바 사회구성체 논쟁에서 알 수 있듯이 급진적 노선을 대중화시켰다. 학생들은 변혁의 주요 전략을 둘러싸고 민중의 계급적 역량을 중시하는 노선과 민족의 자주적 역량을 중시하는 노선으로 분화되었다.

다른 한편으로, 5·18의 충격은 민주주의뿐만 아니라 인권 개념의 형성에 큰 영향을 미쳤다. 5·18에서 나타난 국가 폭력은 민주주의를 주장하는 학생과 시민의 요구에 대한 부정이었을 뿐만 아니라 인간 존엄성에 대한 부정이었다. 이뿐만 아니라 이런 국가 폭력에 대한 저항이 인간 존엄성을 지키려는 투쟁으로 치환되었다. 이 때문에 5·18 진상 규명 운동은 세계적 맥락에서 이행기 정의 실현 운동의 기폭제 역할을 했다. '인간의 존엄성'과 '인권'이 민주화운동에서 적극적으로 강조되었다.

5·18의 충격은 국내에 국한된 것이 아니라 일본이나 타이완, 동남아시아, 그리고 해외 동포들이 많이 거주하는 미국이나 독일 등에 미쳤다. 서로 다른 공간에서 받은 동시적이고 동질적인 충격은 국제 연대를 형성하는 기초가 되었다. 5·18 진상 규명과 연관된 국제 연대의 형성 과정은 나간채의 연구(2009)를 참조할 수 있다. 5·18에 의한 국제 연대는 5·18을 취재한 해외 언론인들을 통해 일본과 독일의 동포 사회에서 강력히 형성되었다. 1980년대 초반 한국 내에서 5·18에 대한 정보가 철저히 통제되고 있을 때 해외의 민주화운동은 국내 운동의 든든한 지원 세력이 되었다. 독일이나 미국에서 5·18과 군부의 야만적 탄압에 대한 비판 담론이 한인 사회를 중심으로 강력히 형성되었다(김면, 2013).

5·18의 충격은 이른바 김대중 내란 음모 사건에 대한 국내외의 비판과 연대를 만들어냈다. 김대중은 1973년에 이어 1980년에 다시 한국 민주주의의 좌절을 상징하는 인물로 각인되었고, 그에 대한 구명 운동이 중요한 국제 연대의 계기로 작동했다.

5·18이 국제 연대에 미친 영향을 논의할 때 빼놓을 수 없는 것이 이에 대한 기억을 끊임없이 상기시키는 문화운동이라고 할 수 있다. 매우 다양한 영역에서 진행된 문화운동 중에서 홍성담을 중심으로 하는 판화운동은 일본에 많은 영향을 미쳐 연대를 이끌어냈고, 「임을 위한 행진곡」을 중심으로 하는 노래운동은 해외 교포 사회뿐 아니라 일본이나 타이완, 중국과 동남아시아 각국의 노동운동과 시민운동에 크게 영향을 미쳤다(정근식, 2016).

1980년대 초반의 국제 연대 문제를 고찰할 때, 간과된 것은1979년부터 시작된 중국의 개혁·개방의 효과이다. 5·18의 충격이 한국 사회운동을 변화시킨 것처럼 중국의 개혁·개방도 한국 사회에 영향을 미쳤지만 이에 대한 연구는 충분히 이루어지지 않았다.

우리는 1980년대 중반부터 한국의 민주화운동에서 나타나는 사회주의와 북한에 대한 인식의 변화를 주목할 필요가 있다. 한 사례로 1984년 한민통에 대한 기독교동지회의 입장에 얼마간의 변화가 생겼다. 기독교동지회의 제8차 총회에서 한민통과의 관계가 논의되었을 때, 기존의 입장을 고수하면서도 국내에서 북한을 방문하는 그룹과의 접촉, 나아가 한민통과의 교류가 필요하다는 의견이 있었다. 박정희 정권의 반공주의가 더는 효력을 발휘할 수 없게 된 상황에서, 그리고 신군부의 광주 시민들에 대한 학살을 경험하면서 극단적 반공주의에 대한 입장이 변화한 것이다. 1984년 WCC의 도산소 회의와 1986년의 회의들은 이와 같은 입장의 변화를 반영한다.

2) 6월 항쟁기의 국제 연대

국제 연대를 자유의 연대와 사회의 연대로 개념화할 수 있다면, 유럽에서는 1970년대부터 사회권적 관점에서 민주주의를, 미국에서는 1984년부터 자유권적 관점에서 민주주의를 지원했다. 유럽은 주로 민간 국제기구와 조직을 통해 네트워크를 구축하고, 미국은 냉전 동맹 체제의 영향으로 주로 외교·정부 채널로 연결되었다.

세계적 냉전의 막바지인 1980년대 전반기에 미국은 좀 더 적극적으로 민주주의 증진 프로그램을 발전시켰다. 미국의 자유주의적 민주주의 증진을 위한 프로그램은 원래 루스벨트 시기부터 시작된 것이지만, 1984년 레이건 정부가 취하기 시작한 민주주의 증진 프로그램은 좀 더 광범위하고 강력한 것이었다.

1984년 미국의 '민주주의를 위한 국가 원조 기금The National Endowment for Democracy'이 미친 영향은 정일준(2007)나 김성현(2006), 조정인(2011)의 연구를 참조할 수 있다. 픽센(Peksen, 2002)은 권위주의적 레짐하에서 정치적 자유화를 진전시키는 변수로 경제 제재, 외국 원조, 외부의 군사 개입, 소프트 파워, 이 네 가지를 설정하고, 이를 실제로 추동하는 주요 행위자를 국제통화기금, 유엔, 유럽연합, 초국적 인권 단체로 설정해 이들의 역할을 검토한다.

미국의 민주주의 증진 프로젝트와 한국의 민주화가 어떻게 연관되는지 좀 더 엄밀히 검토해야 하지만, 1980년대 후반부터 동유럽 사회주의 국가들 내부에서 민주화에 대한 요구가 증가하고, 이에 대한 서유럽의 관심이 증가했다(Tudoroiu, 2010). 또한 미국으로 이주한 집단의 지지가 이 지역에서의 변화를 촉진시켰다. 인권을 내세운 미국이나 국제기구의 제재나 경제적 지원이 민주주의 증진에 얼마나 효과가 있는지가 중요한 연구 대상이 되었다(Zanotti, 2005; 조정인, 2011). 이것은 중동 지역에서의 민주화에서도 그대로 적용된다(Banai, 2013). 민주주의 증진에서의 국제 연대는 오늘날에도 여전히 중요성을 잃지 않고 있다(Grodsky, 2017).

그러나 민주주의 증진이 미국의 전략대로 이루어지는 것은 아니다. 권위주의 국가들로 서로 협력하면서 이에 대응하기 때문이다(Erdmann, 2013; Von Soest, 2015). 또한 민주주의 증진 프로젝트가 실행된다고 하더라도 독재자를 직접 압박하기가 쉽지 않기 때문에 민주주의 증진은 매우 복잡한 양상으로 진행된다(Bush, 2015).

미국의 민주주의 증진 프로젝트와 한국의 민주주의 이행의 관계는 충분히 해명된 것은 아니지만, 1987년 6월 항쟁에서의 미국의 입장은 1980년과는 달리 비교적 적극적인 개입 정책이었다. 6월 항쟁은 1980년 5·18에서의 좌절을 넘어 민주주의로의 이행을 위한 대투쟁이었다. 민주화를 희망하는 사람들과 운동 조직의 전국적인 연대를 넘어 해외의 동포들이 참여하는 국제적인 연대의 모습을 보여주었다. 미국 정부는 한국의 군부 정권이 시민사회로부터 터져 나오는 민주화 요구를 무력으로 진압하는 데 반대했다.

1970년대 국제 연대의 중요한 축이었던 도시산업선교회는 1980년대 신군부의 노동운동 탄압과 노동운동의 성장으로 노동자 지원 활동이 거의 사라졌지만, 6월 항쟁 직후의 7~8월 노동자 대투쟁은 새로운 사회운동의 지평을 열었다. 6월 항쟁의 시민적 연대와 7~8월의 노동자 투쟁의 관계는 아직 충분히 규명되지 않았다. 전자가 정치적 민주화를 요구했다면 후자는 사회적 민주화를 요구한 것으로 해석할 수 있다. 또한 6월 항쟁 당시의 전국적인 시민들의 민주주의 연대는 4월 혁명 이후 최대 규모로 발전했지만, 선거를 통한 민주화의 실현으로 순조롭게 이어진 것은 아니다. 1987년 12월 대통령 선거의 양상과 결과는 민주화운동과 민주화의 괴리를 잘 보여준다. 1987년의 민주화운동은 민주화라는 큰 사회적 변화의 방향을 제시하는 데는 성공했지만, 정치적·사회적 민주화를 즉각적으로 가져오지는 못했다고 할 수 있다.

민주화운동과 민중운동, 통일운동은 서로 밀접히 연결되어 있으나 상대적으로 자율성을 가진 영역이어서 각각의 영역에서 연대 운동을 추동한 계기들이 서로 다르다. 민중운동은 1970년 전태일 사건, 1987년 노동자 대투쟁과 농민들의 우루과이 라운드로 대표되는 농산물 시장 개방에 반대하는 대투쟁 등이 계기가 되었고, 통일운동은 1984년 도산소 회의, 1988년 7·7 선언, 2000년 남북 정상회담 등이 계기가 되어 활성화되었다.

6월 항쟁 이후 민주주의로의 이행은 민중운동과 통일운동의 활성화에 매우 중요한 계기로 작용했다. 특히 노동운동은 고양된 집회·결사의 자유를 기초로 해 민주적인 노동조합 결성과 전투적인 집합 행동을 전개했다. 이는 1970년대의 경공업 여성 노동자 중심의 노동조합 운동에서 벗어나 중공업 남성 노동자 중심의 노동운동으로 전환했고, 나아가

1970년대 후반기와 1980년대 전반기 대학생들의 산업 현장 투신 활동과 맞물려 정치의식이 급속히 고양되면서, 타이완이나 홍콩, 기타 동남아시아의 노동운동에 큰 영향을 미치기 시작했다.

한편 1988년 서울 올림픽을 계기로 활성화된 통일운동은 1989년부터 새로운 양상으로 전개되었다. 정주영 현대그룹 회장의 방북 이벤트, 문익환 목사의 평양 방문, 황석영의 평양 방문, 그리고 평양에서 열린 세계청년학생축전에 대학생 대표 참가를 지원하는 과정에서 해외 민주화운동 조직의 연대는 강력하게 작동했다.

3) 1990년대의 국제 연대

한국 사회에서 국제 연대를 좀 더 적극적으로 사유하기 시작한 것은 대체로 1990년대의 탈냉전과 '세계화'에 의해 사회운동이 영향을 받으면서부터이다. 1990년대 한국의 사회운동의 가장 큰 특징은 탈냉전, 그리고 민주화의 진전과 함께 학생운동이 상대적으로 퇴조하면서(김도종, 1992), 기존의 민중적 변혁 운동으로부터 시민적 개혁 운동이 분화되고 활성화되었다는 점이다. 아울러 신자유주의를 이념으로 하는 세계화의 물결은 국제 연대의 조건을 근본적으로 변화시켰으며 사회운동의 각 영역에서 국제 연대가 강조되기 시작했다.

한국의 사회운동은 1990년대에 접어들어 농민운동과 노동운동, 빈민운동 등의 '민중'운동으로부터, 경제정의실천연합, 환경운동연합, 참여연대 등으로 대표되는 신사회 운동 또는 시민운동으로 중심이 이동하기 시작했다. 새로운 시민운동 영역의 출현은 '정의'나 '연대'의 가치가 새롭게 조명되는 계기가 되었을 뿐만 아니라 경제성장을 기초로 한 도시 중산층 운동의 활성화를 의미했다(참여연대 엮음, 2004; 참여연대 성찰과비전 위원회, 2014). '연대'는 참여연대를 통해 시민운동의 아이콘이 되었을 뿐만 아니라 신자유주의적 시장 개방 상황에서 기존의 민중운동 진영의 중요한 과제로 부상했다.

넓은 의미의 민주화를 위한 국제 연대는 '민중운동'으로 간주되어온 농민운동이나 노동운동에서의 국제 연대, 그리고 통일운동이나 평화운동에서 전개된 국제 연대를 포함한다. 한국의 농민운동은 정부가 1970년대에 수출 경제를 뒷받침하기 위해 농산물 가격을 상대적으로 낮추고 농촌의 인구를 산업화를 위한 노동력으로 전환시키는 정책에 농민들이 저항하면서 시작되었지만, 농산물 시장 개방과 세계화 담론이 급속히 확산된 1986년 우루과이 라운드 이후 국제적 연대의 필요성이 커졌다.[13] 쌀 시장 개방 문제는 우루과이 라운드의 중요한 쟁점 중 하나였는데, 쌀 생산을 중심으로 하는 한국의 농민들은 이 협상이 진행되는 동안 시장 개방에 반대하는 외국의 농민 단체들과 소통하면서 협상이 열리는 도시에서 현장 시위를 하면서 세계 여러 나라의 농민들과 연대하는 경

---

13 우루과이 라운드는 이전까지 세계 무역 질서를 이끌어온 관세 및 무역에 관한 일반 협정(GATT) 체제의 문제점을 해결하고 이 체제를 다자간 무역기구로 발전시키려는 국가 간 협상으로, 1986년 9월 우루과이의 푼타델에스테에서 시작되었고, 1994년 4월 모로코의 마라케시에서 세계무역기구 설립, 정부 조달 협정 등을 포함한 마라케시 합의문을 채택하기에 이른다.

험을 쌓았다. 2005년 홍콩 원정 시위와 2006년 워싱턴 원정 시위는 한국 농민운동의 전투성을 세계에 알리는 계기가 되었다.

노동운동의 영역에서 국제 연대는 제도적으로나 실천적으로 매우 오래된 전통이었다. 노동운동에서의 국제 연대는 1987년 노동자 대투쟁을 거친 이후 활성화되었는데(말 편집부, 1988), 특히 일본과 기타 다국적 자본의 철수와 고용 축소가 직접적 계기로 작동했다(이종구·심상완·이상철, 2018).

1990년 결성된 전국노동조합협의회(전노협)이나 1995년 결성된 전국민주노동조합총연맹(민노총)으로 이어지는 노동운동 진영도 국제적 연대를 지향했다. 민노총은 출범 당시 "국경을 넘어서서 전 세계 노동자의 단결과 연대를 강화하고 침략전쟁과 핵무기 종식을 통한 세계평화 실현을 위해 노력"한다고 선언했다. 이런 변화는 한국 노동운동의 국제 연대가 수동적인 위치에서 능동적인 위치로 전환하는 원동력이 되었다.

1990년대에는 세계화의 위험성이 뚜렷하게 각인되었고, 1993년 방콕에서 열린 민중 대회에서는 국제 연대의 중요성이 강조되었다(이선태, 1993). 1997년 IMF 금융위기로 국제 경제의 질서 변동이 가시화되고 한국 경제가 위험 상황에 빠지자 좀 더 급진적인 개혁과 함께 신자유주의에 반대하는 국제 연대의 중요성이 고양되었다. 당시 서울국제민중회의는 국제 연대를 적극적으로 모색하기 시작했다(서울국제민중회의 조직위원회 엮음, 1998), 당시 한국노동운동의 두 축이던 한국노총과 민주노총도 국제 연대를 적극적으로 모색했다(안봉술, 1999; 윤영모, 1999, 김영수, 2009).

2000년 이후 노동운동의 국제 연대주의는 신자유주의적 세계화에 대한 반대에 기초했다(이창근, 2004; 원영수, 2007; 김영수, 2009). 민주노총은 대안 세계화의 이념을 추구하면서 신자유주의의 물결에 대응했다(장대업, 2011). 김주희(2002)는 금속노조를 중심으로 전개되는 국제연대운동을 주목했다.

한국이 분단국이라는 점에서 민주화운동은 필연적으로 민족주의 통일운동이나 평화운동과 연결되며, 이들 사이의 선후 관계를 둘러싼 논쟁이 발생한다.[14] '선민주 후통일'론과 통일운동우선론 사이의 긴장, 그리고 통일운동과 평화운동의 미묘한 긴장 등은 민주화운동의 연대를 저해하는 요소로 작용했다.

그렇지만 1990년대에 접어들어 통일운동과 함께 평화운동 분야에서도 국제 연대가 중요해지기 시작했다. 이종오(1996)는 민주주의와 평화에서 연대가 차지하는 의미를 강조했다. 1990년대부터 평화운동은 대체로 미군 기지를 매개로 오키나와나 일본의 평화운동과 연대하는 양상으로 추동되었고, '아시아의 평화'가 강조되었다(안찬수, 2003; 참여연대 국제 연대위원회, 2004).

1980년대 후반기부터 형성되어 1990년대에 활성화된 환경운동에서도 국제 연대는 매우 중요한 과제로 간주되었다(남상민, 1995). 이런 인식하에 환경운동은 국제 연대를 활성화했고, 스스로 이를 평가할 수 있을 정도로 성장했다(김춘이, 2000).

---

14 선우학원 등은 『미주동포 민족운동 100년사』(2009)를 출판했고, 2010년에는 『구술로 본 해외 한인 통일운동사』가 미국(김하영 외), 독일(김면 외), 일본(남근우 외), 중국(우병국 외)을 사례로 하여 출간되었다.

2000년에 이르면 사회운동의 핵심이 국제 연대라는 인식이 커지고
(구영식, 2000; 이정옥, 2000), 사회운동의 양상이 아시아를 지평으로 하면
서(전제성, 2011). 국제 연대를 추동하는 사회적 가치는 인권과 평화로 모
아지기 시작했다(변연식·최재훈·이용식, 2002). 2000년 남북 정상회담이
사회운동, 특히 통일운동과 평화운동에 미친 영향은 매우 컸는데, 그
영향 중 하나는 과거 이들 간의 균열을 어느 정도 봉합시켰다는 것이
다. 해외에서 민주화운동을 수행했지만 한국을 방문할 수 없었던 사람
들이나 해외에서 한국의 민주화운동을 지원했던 외국인들은 한국을 방
문할 수 있게 되었고, 국제 연대는 점차 현실이 아니라 기억의 대상이
되었다.

5. 맺음말

한국의 민주화운동은 1970년대에 활성화되어 1980년대 중반부터는
대중운동의 양상으로 발전했다. 해외의 민주화운동과 국제 연대는 이
런 한국 내의 민주화운동과 동심원을 그리면서 전개되었다. 민주화운
동의 국제 연대는 해외 한국인들의 연대와 외국인들의 지원 연대로 구
분되는데, 1970년대 후반부터 이런 국제적 연대가 발전했다.

동아시아의 맥락에서 보면, 1979년의 미·중 수교는 냉전의 지평을 넘
어 사회주의와의 화해의 제일보였지만, 이것이 남북 간 화해, 그리고 통일
운동으로 전환되는 데는 상당한 시간이 필요했다. 그만큼 한국전쟁으로

인한 상처가 크게 각인되어 있었고, 또한 미·중 수교의 의미를 깊게 반추할 수 있는 기회가 제한되었기 때문이다.

동아시아 냉전·분단 체제하에서 사회운동은 반체제 운동과 권위주의 독재에 대한 저항으로서의 반정부 운동으로 구분된다. 냉전 분단 체제하에서 국가권력은 반공주의를 내세워 저항운동을 분열시키려고 하며, 이에 따라 사회운동은 반공주의 민주화운동, 차이를 인정하고 협력하는 민주화운동, 반체제 민주화운동으로 분화된다. 이에 따르는 위험도 각기 다르다. 이런 민주화운동의 분화와 고립은 연대의 제한으로 나타난다.

국제 연대의 발전 양상을 보면, 자유 진영에 속하는 미국, 유럽, 일본을 중심으로 한국의 민주화운동을 지원할 수 있었고, 특히 기독교적 배경을 가진 사회운동 그룹과 반공주의적 민주화운동이 연대의 형성에 기초를 놓았지만, 시민사회의 취약성과 경제적 어려움은 정치·심리적 분단을 지속시켰다.

민주주의로의 이행과 1990년대의 탈냉전은 국제적 연대의 범위를 확장시켰다. 유럽은 물론이고 아시아에서도 민주주의를 위한 초국적 연대가 발전하고 있다(Piper and Anders, 2004). 1990년대 초반의 세계적 탈냉전과 한러 수교, 한중 수교는 냉전시대의 이념적 장해를 뛰어넘게 했을 뿐만 아니라 신자유주의적 세계화의 여파로, 한국의 사회운동은 새로운 국제 연대의 가능성을 찾기 시작했다(차미경, 1999; 이정옥, 2000). 남북한 체제 경쟁의 양상이 달라지고, 남북한 사이에 화해의 움직임이 생기면서 국제적 소통의 조건이 달라진 대신 시장 개방과 이에 대한 저항이 사회운동의 중심 영역으로 편입되고, 농민운동과 노동운동에서 피원조형 국제 연대보다는 수평적 국제 연대가 발전했다(김영수, 2009). 환경운동 또한 새로운 유형의 국제 연대를 발전시키는 장이 되었다.

한국 사회에서 '연대'가 중요한 사회적 가치로 부상한 것은 1994년 참여연대가 설립된 것이 계기가 되었는데, 이는 저항적 민주화운동이 참여 민주주의로 전환되고 있음을 알리는 상징적 사건이었다. 이후 연대는 한국 사회에서 중요한 덕목으로 강조되고 있으며(장은주·손철성, 2007; 강수택, 2012, 2013), 제3세대 인권으로까지 부상하고 있다(장복희, 2018).

한국의 민주주의 성과가 축적되면서 국제 연대의 의미는 점차 바뀌고 있다. 20세기 후반기에 국제 연대가 주로 한국화를 위한 외부의 지원에 중점을 두었다면, 이제는 민주주의로의 이행이 더딘 개발도상국을 한국의 민주주의 역량이 어떻게 지원할 것인지로 옮겨가고 있기 때문이다. 한국의 시민사회도 2000년 이후 아시아 연대를 지향하고 있지만, 전제성(2011)의 지적대로 자원과 관심 부족, 자민족중심주의, 지역 지식의 결핍에 시달리고 있다.

참고문헌

강문규. 1975. 「세계교회 협의회의 활동상황」. 《신학사상》, 11호, 824~831쪽.

강문규·박상중 외. 1996. 「아시아 평화를 위한 아시아 교회의 역할」. 《신학사상》, 94호, 7~40쪽.

_____. 1998. 「WCC 50년과 한국 에큐메니칼 운동」. 《신학사상》, 103호, 5~37쪽.

강수택. 2012. 『연대주의: 모나디즘 넘어서기』. 한길사.

_____. 2013. 「연대의 개념과 사상」. 《역사비평》, 2월 호, 10~39쪽.

강원룡. 1998. 『빈들에서: 나의 삶, 한국현대사의 소용돌이 1-3』. 크리스챤 아카데미 대화출판사.

강인철. 2009. 「종교계의 민주화운동」. 민주화운동기념사업회연구소 엮음. 『한국민주화운동사 2』. 돌베개.

_____. 2010. 「박정희정권과 개신교 교회」. 이지수 엮음. 『박정희시대를 회고한다』. 선인.

공석기. 2004, 「지구시민사회와 초국적 사회운동: 한국의 국제연대와 관련해」. 《대동철학》, 24호, 391~410쪽.

구영식. 2000. 「사회운동 세계화의 핵심은 국제연대」. 《말》, 1월 호, 134~ 137쪽.

김경묵. 2009. 「일본 사회운동의 하나로서의 재일코리언 사회운동: 시민운동과 국제연대를 통한 재검토」. 《일본공간》, 6호, 162~192쪽.

김관석. 1975. 「세계교회협의회의 신학적 배경」. 《신학사상》, 11호, 818~ 823쪽.

김도종. 1992. 「한국학생운동의 쇠퇴와 전망: 제도화에서 탈제도화로」. 《한국과 국제정치(KWP)》, 8권 2호, 159쪽.

김면. 2013. 「5·18, 민주주의 위기 그리고 유럽한인의 대응양상」. 《한국위기관리논집》, 9권 10호, 69~83쪽.

김명배. 2012. 「기억의 역사로 본 영등포산업선교회의 노동운동」. 《숭실사학》, 28호, 285~319쪽.

김명혁. 1979. 「현대 에큐메니칼 운동의 역사적 변천과 그 동향: 「세계교회협의회」를 중심으로」. 《신학지남》, 통권 183호, 104~117쪽.

김성현. 2006. 「미국 민주주의재단(NED)을 통해 본 국제민주화운동과 상징권력」. 《시민사회와 NGO》, 4권 1호, 207쪽.

김영수. 2009. 「반세계화 국제연대와 한국 민주노조운동: 민주노총의 국제연대사업을 중심으로」. 《민주사회와 정책연구》, 15호, 311쪽.

김용철. 2015. 「한국의 민주화운동과 민주화: 성공과 좌절」. 《민주주의와 인권》, 15

권 3호, 275~320쪽.

김원. 2004. 「1970년대 민주노조와 교회 단체: 도시산업선교회와 지오세 담론의 형성
과 모순」. ≪산업노동연구≫, 10권 1호, 57~94쪽.

_____. 2004. 「1970년대 민주노조와 교회 단체: 도시산업선교회와 지오세 담론의 형
성과 모순」. ≪산업노동연구≫, 10권 1호, 57~94쪽.

김의동. 2010. 「한국 시민사회단체의 대안세계화 운동: 특징과 한계 및 이념적 · 실천
적 과제를 중심으로」. ≪사회과학연구≫, 26권 4호, 371~398쪽.

김인덕. 2008. 「20세기 노동운동의 보수와 진보: 1930년대 진보적 일본노동운동과 재
일조선인 국제연대 – 일본노동조합전국협의회를 중심으로」. ≪사림≫, 29호,
25~47쪽.

김정배. 2013. 「미국, 유신, 그리고 냉전체제」. ≪미국사연구≫, 38권, 151~190쪽.

김정현. 2010. 「근대 동아시아의 반전·평화를 위한 국제연대」. ≪역사와실학≫, 43집,
115~157쪽.

김주희. 2002. 「국제노동: 국제연대에 앞장서는 세 나라 금속노조 – 남아공, 브라질,
한국」. ≪노동사회≫, 61권, 56~59쪽.

김준. 2003. 「민주노조운동과 교회: 개신교 산업선교를 중심으로」. 한국산업사회학회
엮음. 『노동과 발전의 사회학』. 한울.

김중섭. 2009. 「한국 형평사와 일본 수평사의 인권 증진 협력 활동 연구」. ≪사회와
역사≫, 84권, 133~175쪽.

김찬호. 2018. 「'5·18세계화' 담론 형성과 변화과정: 1990년대 광주시민연대 사례를
중심으로」. 전남대학교 대학원 석사학위논문.

김춘이. 2000. 「환경초점 2: 한국 환경운동의 국제연대 활동 평가와 과제」. ≪환경
과생명≫, 3월 호, 96~101쪽.

김호섭·이병택 엮음. 2016. 『민주화운동의 세계사적 배경』. 한울.

김흥수. 2001. 「한국전쟁과 세계교회협의회, 1950~1953」. ≪한국기독교와 역사≫,
14호, 107~144쪽.

_____. 2003. 「세계교회협의회(WCC)의 한국전쟁 성명과 공산권 교회들」. ≪한국근
현대사연구≫, 24집, 211~231쪽.

_____. 2007. 「한국민주화기독자동지회의 결성과 활동」. ≪한국기독교와 역사≫, 27호,
199~224쪽.

나간채. 2009. 「5월운동에서 국제연대의 발전과정 분석」. ≪민주주의와 인권≫, 9권
2호, 97~127쪽.

남상민. 1995. 「해외 환경운동의 동향과 국제연대의 방향」. ≪환경과생명≫, 12월 호,

116~125쪽.

류상영. 2011. 「김대중의 일본에 대한 인식과 전략: 주요 저작과 어록을 통해 본 인식의 진화와 정치적 선택」. ≪한국정치외교사논총≫, 33권 1호, 131~169쪽.

류상영 엮음. 2007. 『국내·해외 민주화 운동과 한국사회: 사료와 한국학』. 연세대학교 출판부.

리, 에릭. 1998. 『노동운동과 인터넷: 새로운 국제주의』. 국제연대정책정보센터 옮김. 한울.

말 편집부. 1987. 「한국의 민주화와 미국」. ≪말≫, 3월 호, 29~33호.

_____. 1988. 「국제연대 모색하는 노동운동」. ≪말≫, 11월 호, 69~71쪽.

_____. 1988. 「세계교회협의회 북한방문기, 말」. ≪말≫, 6월 호, 34~40쪽.

밴 엘데렌, 마를린(Van Elderen, Marlin). 1993. 『(세계교회협의회)40년사』. 이형기 옮김. 한국장로교출판사.

민관홍. 2014. 「세계교회협의회와 한국교회의 관계 역사」. ≪한국기독교와 역사≫, 40호, 5~55쪽.

박경서. 2015. 「WCC 세계교회 연합 운동과 한국교회 에큐메니칼 운동의 역사와 평가」. ≪신학과교회≫, 4호, 217~257쪽.

박상증. 1998. 「WCC 50년 역사의 발자취」. ≪신학사상≫, 103권, 38~56쪽.

박양식. 2010. 「기독교 민주 인사의 70년대 감옥 기억: 박형규 목사의 구술을 통해 본 새로운 역사적 층위」. ≪현상과인식≫, 34권 3호, 113~135쪽.

박원곤. 2011. 「5·18 광주 민주화 항쟁과 미국의 대응」. ≪한국정치학회보≫, 45권 5호, 125~145쪽.

박정신. 2011. 「한국기독교와 세계교회협의회 그 정치적 악연의 역사」. ≪한국교회사학회지≫, 28권, 223~248쪽.

박호성. 1999. 「세계화 시대의 국제연대: 21세기 한국의 민족주의」. ≪정치비평≫, 6권, 1~17쪽.

백용기. 2009. 「WCC 창립 이전 세계 기독교대회 속에 나타난 한국 개신교 사회운동」. ≪신학사상≫, 146권, 167~212쪽.

변연식·최재훈·이용식. 2002. 「세계화와 신자유주의 속의 국제연대: 인권과 평화를 위한 '국제민주연대'를 찾아서」. ≪황해문화≫, 36호, 349~377쪽.

서울국제민중회의 조직위원회 엮음. 1998. 『(IMF에 도전하는 민중)신자유주의, IMF 그리고 국제연대』. 문화과학사.

서중석 외. 2008~2009. 『한국민주화운동사 1~3』. 돌베개.

손호철. 2003. 「민주화 운동, 민주화, 민주주의: 개념과 한국적 특성을 중심으로」. ≪한국과 국제정치(KWP)≫, 19권 4호, 1~29쪽.

신명순 엮음. 2016. 『한국의 민주화와 민주화운동: 성공과 좌절』. 한울.

신정화. 2010. 「일본의 대북정책의 변화와 한일갈등: 1970년대 전반기를 중심으로」. 이지수 엮음. 『박정희시대를 회고한다』. 선인.

신철영. 2003. 「그때 그 자리: 영등포산업선교회 - 70~80년대 노동자들의 보금자리」. ≪기억과 전망≫, 5호, 184~192쪽.

안병진. 2013. 「민주화 운동 체제의 퇴조와 닉슨주의 보수의 성공에 대한 시론: 정치 질서론의 시각」. ≪동향과 전망≫, 87호, 105~151쪽.

안봉술. 1999. 「세계화 시대의 국제연대: 한국노총의 국제연대」. ≪정치비평≫, 6권, 1~24쪽.

안영민. 2002. 「해외동포와 한국민주화운동 심포지엄: "조국은 우리를 버렸지만 우리는 조국을 버리지 않았다"」. ≪민족21≫, 1월 호, 102~103쪽.

안찬수. 2003. 「미군 없는 아시아를 위한 "땅 한 평": 아시아 평화를 위한 국제연대 움직임의 확산」. ≪중등우리교육≫, 1월 호, 113~115쪽.

양낙흥. 2005. 「1959년 한국 장로교의 분열 과정」. ≪한국기독교와 역사≫, 23호, 125~161쪽.

영등포산업선교회 40년사 기획위원회. 『1998, 영등포산업선교회 40년사』. 영등포산업선교회.

원영수. 2007. 「민주화, 세계화 시대의 국제연대활동에 대한 평가: 노동자, 민중운동의 관점에서」. 민주화운동기념사업회 학술토론회 자료집.

윤수종. 2010. 「1970년대 이후 주류 농민운동의 형성과 도전」. ≪농촌사회≫, 20권 1호, 47~87쪽.

윤영모. 1999. 「세계화 시대의 국제연대: 민주노총의 국제연대」. ≪정치비평≫, 6권, 1~10쪽.

은수미. 2005. 「연결망 접근을 통해서 본 '사회운동적 노동운동'의 가능성: 한국 노동운동의 연대주의적 전통의 복원」. ≪노동정책연구≫, 5권 1호, 43~73쪽.

이상규. 2010. 「한국장로교회에서의 세계교회협의회(WCC)」. ≪개혁논총≫, 16권, 45~88쪽.

이상록. 2015. 「기독교의 운동 혹은 대항 - 운동의 논리와 역학: 1960~1970년대 조지 오글 목사의 도시산업선교 활동과 산업 민주주의 구상」. ≪사이(間, SAI)≫, 19권, 92~126쪽.

이선태. 1993. 「국제연대 깃발 방콕민중대회」. ≪말≫, 2월 호, 98~103쪽.

이승훈. 2006. 「일본에서 '재일한국인'으로 살아가기: 한국 민주화 운동 참여자들의 정체성」. ≪현상과인식≫, 30권 1·2호, 77~101쪽.

이신행. 2002. 「민주화 운동 과정에서의 기독학생 운동: 변동영역과 공공성」. ≪한국 정치학회보≫, 36권 4호, 257~275쪽.

이정옥. 2000. 「글로벌리제이션의 다면성과 사회운동의 국제연대」. ≪경제와사회≫, 48호, 62~92쪽.

이정옥. 2010. 『민주주의 국제 협력기관: 지구민주화와 공공외교의 지형도』. 리북.

이정은. 2013. 「한국 민주화 운동단체 연결망의 변천(1980~1992)」. ≪동향과 전망≫, 89호, 143~184쪽.

이종구·심상완·이상철. 2018. 「일본계 외자 기업의 공장철수에 대한 한일 노동자 풀 뿌리 국제연대: 1989년 수출자유지역 노조의 일본 원정투쟁 사례」. ≪민주사 회와 정책연구≫, 33권, 103~137쪽.

이종오. 1996. 「동아시아의 평화와 민주주의, 연대운동」. ≪신학사상≫, 94권, 95~ 111쪽.

이창근. 2004. 「국제노동: 새로운 노동자 국제연대운동의 진전을 위하여」. ≪노동사 회≫, 94권, 126~132쪽.

임경화. 2015. 「'분단'과 '분단'을 잇다: 미군정기 오키나와의 국제연대운동과 한반도」. ≪상허학보≫, 44권, 229~269쪽.

임송자. 2010. 「1970년대 도시산업선교회와 한국노총의 갈등, 대립」. ≪사림≫, 35호, 311~344쪽.

임은경. 2007. 「가속화되는 개방, 농민운동의 고민 - 개방은 못막고 농협 개혁 등 눈앞 의 요구는 커져」. ≪말≫, 8월 호, 76~81쪽.

임현진. 2003. 「NGO/NPO 연구의 최근 동향: 초국적사회운동을 중심으로」. ≪NGO연 구≫, 1호, 69~95쪽.

장규식·유관지. 2006. 「군사정권기 한국교회와 국가권력: 정교유착과 과거사 청산 의 제를 중심으로」. ≪한국기독교와 역사≫, 24호, 103~132쪽.

장대업. 2011. 「민주노총의 대안세계화 이념: 신자유주의에 대한 대응과 국제연대 그 리고 사회운동노조주의를 중심으로」. ≪마르크스주의 연구≫, 8권 4호, 118~ 154쪽.

장동진. 2000. 「한국의 인권단체와 운동」. ≪21세기정치학회보≫, 10권 2호, 45~60쪽.

장복희. 2018. 「제3세대 인권인 국제연대권」. ≪아주법학≫, 11권 4호, 131~151쪽.

장석만. 2005. 「한국 개신교의 또 다른 모색: 기독교조선복음교회와 도시산업선교회」. 역사비평≫, 70호, 103~122쪽.

장성규. 2015. 「식민지 디아스포라와 국제연대의 기억: 한흑구를 중심으로」. ≪한민족문화연구≫, 50권, 393~413쪽.

장숙경. 2009. 「산업선교의 도입과 변화과정 1957~1972」. ≪사림≫, 34호, 171~211쪽.

_____. 2013. 『산업선교, 그리고 70년대 노동운동』. 선인.

장은주·손철성. 2007. 「존엄한 시민들의 공화국: 민주적 연대성의 이념과 공공성」. ≪철학연구≫, 102권, 115~143쪽.

전명수. 2016. 「좋은 사회와 정의 이념의 종교적 기반: 민주화운동부터 시민사회운동까지」. ≪신학과 사회≫, 30권 4호, 259~293쪽.

전재호. 2016. 「한국의 민주화 이행에서 김대중의 역할 1980~1987년」. ≪기억과 전망≫, 35권, 243~281쪽.

전제성. 2011. 「한국 시민사회 "아시아연대운동"의 문제와 과제」. ≪동아연구≫, 60호, 5~40쪽.

정근식 엮음. 2011. 『(탈)냉전과 한국민주주의』. 선인.

정병준. 2011. 「한국 장로교회 분열에 대한 재조명: 1959년 한국 장로교회 분열 원인에 대한 새로운 접근」. ≪장로교회와 신학≫, 8권, 185~199쪽.

정영태. 1999. 「세계화 시대의 국제연대: 노동자 계급의 국제연대 - 필요성과 현황」. ≪정치비평≫, 6호, 1~30쪽.

정일준. 2007. 「한국 민주주의와 미국: 박정희 정권시기 한국 정치변동에 대한 미국의 공개 개입과 불개입을 통한 개입을 중심으로」. ≪기억과 전망≫, 17권, 202~238쪽.

_____. 2012a. 「미국제국과 한국: 한미관계를 넘어서」. ≪사회와역사≫, 96호, 113~150쪽.

_____. 2012b. 「한국의 미국식 변형은 어떻게 이루어졌는가? : 한미관계를 넘어서 『대한민국 만들기, 1945~1987: 경제성장과 민주화, 그리고 미국』」. ≪기억과 전망≫, 27권, 342~350쪽.

조기은. 2015. 「해외 한국민주화운동: "민주민족통일해외한국인연합"을 중심으로」. ≪한일민족문제연구≫, 29권, 177~219쪽.

조대엽. 2005. 「1980년대 학생운동의 이념과 민주화운동의 급진적 확산: 반미주의의 분화와 대중화전략을 중심으로」. ≪한국과 국제정치(KWP)≫, 21권 4호, 181~215쪽.

조세현. 2008. 「1930년대 한중 아나키스트의 반파시즘 투쟁과 국제연대: 파금과 류자명을 중심으로」. ≪동북아 문화연구≫, 17권, 327~355쪽.

조승혁. 1981. 『도시산업선교의 인식』. 민중사.

조은경. 2010. 「『동방전우』를 통해 본 이두산의 국제연대 인식과 활동」. ≪한국독립

운동사연구≫, 37권, 307~343쪽.

조정인. 2011. 「탈냉전 이후 미국 민주주의 원조금의 절차적 민주주의 증진효과에 대한 경험적 분석」. ≪미국학논집≫, 43권 3호, 129~154쪽.

조현옥. 2005. 「해외의 한국 민주화운동: 본국과의 상호관계 및 정체성 찾기」. ≪경제와사회≫, 6월 호, 72~94쪽.

조화순. 1974. 「여성근로자와 산업선교」. ≪새가정≫, 6월 호, 44~47쪽.

차미경. 1999. 「세계화 시대의 국제연대: 시민운동에서 본 세계화와 국제연대」. ≪정치비평≫, 6권, 1~12쪽.

참여연대 엮음. 2004. 『참여연대 10년의 기록: 1994~2004』. 참여연대.

참여연대 국제연대위원회 엮음. 2002. 『세계분쟁과 평화운동』. 아르케.

_____. 2004. 『세계분쟁과 평화운동』. 아르케.

참여연대 국제연대위원회·경희대 인류사회재건연구원 엮음. 2010. 『(국경을 넘어선) 아시아 문제와 시민사회의 역할』. 경희대학교 출판문화원.

참여연대 성찰과비전위원회. 2014. 『참여연대 20년의 기록: 1994~2014』. 참여연대 성찰과비전위원회.

최성환. 2010. 「철학적 문제로서의 연대」. ≪철학탐구≫, 27권, 139~164쪽.

최현·김지영. 2007. 「구조, 의미틀과 정치적 기회: 1980년대 한국의 민주화운동」. ≪경제와사회≫, 75호, 251~281쪽.

최형익. 2003. 「신자유주의와 제3세계 농민운동 그리고 국제연대: 멕시코 사빠띠스따의 사례」. ≪문화과학≫, 36호, 159~173쪽.

메쉬카트, 클라우스(Klaus Meschkat). 2008. 신명훈 옮김. 「68학생운동의 국제적 확산과 트랜스내셔널한 성격」. ≪독일연구≫, 16권, 95~109쪽.

한국기독교사회문제연구원 엮음. 1983. 『WCC와 그 공격자들』. 한국기독교사회문제연구원.

한상도. 1999. 「조선의용대의 국제연대 의식과 대만의용대」. ≪한국근현대사연구≫, 11집, 108~135쪽.

_____. 2006. 「일제침략기 한국과 대만 항일운동세력의 국제연대」. ≪한국민족운동사연구≫, 49권, 169~214쪽.

_____. 2015. 「동아시아 반전·반침략 국제연대 구축의 선행사례로서 일제 침략기 한·중·일 아나키스트들의 연대활동」. ≪통일인문학≫, 61권, 547~584쪽.

한상욱. 2015. 「60년대 강화 직물노조사건과 가톨릭 노동청년회(JOC)」. ≪인천학연구≫, 1권 23호, 127~173쪽.

Ahn Kyo-Seong. 2013. 「The Asian Context and the Ecumenical Movement of the Korean Church」. ≪장신논단≫, 45권 3호, 37~62쪽.

Amadae, S. M. 2003. *Rationalizing Capitalist Democracy: the Cold War Origins of Rational Choice Liberalism*. Chicago: University of Chicago Press.

Ansell, B. & Samuels, D. 2010. "Inequality and Democratization: A Contractarian Approach." *Comparative Political Studies*, Vol.43, No.12, pp.1543~1574.

Arnsperger, C. and Y. Varoufakis. 2003. "Toward a Theory of Solidarity." *Erkenntnis*, Vol.59, No.2, pp.157~188.

Banai, H. 2013. "Democratic Solidarity: Rethinking Democracy Promotion in the New Middle East." *Security Dialogue*, Vol.44, No.5~6, pp.411~429.

Bontekoe, R. and M. Stepaniants(eds.). 1997. *Justice and Democracy {electronic resource}: Cross-Cultural Perspectives*. Honolulu, Hawaii: University of Hawai'i Press.

Brazinsky, G. 2007. *Nation building in South Korea {electronic resource} : Koreans, Americans, and the making of a democracy*. Chapel Hill: University of North Carolina Press.

Bush, S. 2015. *The Taming of Democracy Assistance: Why Democracy Promotion does not Confront Dictators*. Cambridge; New York: Cambridge University Press.

Colaresi, M. and W. R. Thompson, 2003. "The Economic Development-Democratization Relationship: Does the Outside World Matter?." *Comparative Political Studies*, Vol.36, No4, pp.381~403.

Cox, M., Lynch, T. and N. Bouchet(eds.). 2013. *US Foreign Policy and Democracy Promotion: from Theodore Roosevelt to Barack Obama*. New York : Routledge.

Doreian, P. and T. Fararo(eds.). 1998. *The Problem of Solidarity: Theories and Models*. Amsterdam: Gordon and Breach Publishers.

Dunning, T. 2004. "Conditioning the Effects of Aid: Cold War Politics, Donor Credibility, and Democracy in Africa." *International Organization*, Vol.58, No2, pp.409~423.

Erdmann, G., A. Bank, B. Hoffmann and T. Richter. 2013. "International Cooperation of Authoritarian Regimes: Toward a Conceptual Framework." *IDEAS Working Paper Series*. St. Louis.

Grodsky, B. 2017. "Solidarity No More? Democratization and the Transformation of State-Social Movements Relations." *Government and Opposition*, Vol.52, No.1, pp.28~50.

Hechter, M. 1988. *Principles of Group Solidarity*. Berkeley: University of California Press.

Houle, C. 2016. "Inequality, Economic Development, and Democratization." *Studies in Comparative International Development*, Vol.51, No.4, pp.503~529.

Kim, Sun-Chul, 2016. *Democratization and social movements in South Korea: defiant institutionalization*. NY: Routledge.

Mark Solovey and Hamilton Cravens(eds.). 2012. *Cold War social science: knowledge production, liberal democracy, and human nature*. New York: Palgrave Macmillan. 사회과학도서관(300.72073 So47c 2012).

Markoff, J. 1996. *Waves of Democracy{electronic resource}: Social Movements and Political Change*. London : Pine Forge.

Miller, M. K. 2012. "Economic Development, Violent Leader Removal, and Democratization." *American Journal of Political Science*, Vol.56, No.54, pp. 1002~1020.

Lee, Misook. 2014a. "South Korea's Democratization Movement of the 1970s and 80s and Communicative Interaction in Transnational Ecumenical Networks." *International Journal of Korean History*, Vol.19 No.2. pp.241~270.

_____. 2014b. "The Japan-Korea Solidarity Movement in the 1970s and 1980s: From Solidarity to Reflexive Democracy(1970年代 '80年代の日韓連帶運動 連帶から自己變革を目指す民主主義へ)." *The Asia-Pacific Journal/Japan Focus*, Vol.12, Issue 38, Number 1.

Pedro, I.(eds.). 2003. *Social Movements and Democracy*. New York: Palgrave Macmillan.

Peksen, D. 2012. *Liberal Interventionism and Democracy Promotion*. Lanham, Md: Lexington Books.

Pevehouse, J. C. 2002. "Democracy from the Outside-In? International Organizations and Democratization." *International Organization*, Vol.56, No.3, pp.515~549.

Piper, N. and Anders U.(eds.). 2004. *Transnational activism in Asia: Problems of Power and Democracy*. London; New York: Routledge.

Reilly, B. 2017. "An Elephant's Graveyard? Democracy and Development in East Asia." *Government and Opposition*, Vol.52, No.1, pp.162~183.

Shelley, B. 2005. *Democratic Development in East Asia*. London: Routledge Curzon.

Smith, T. 2012. *America's Mission: the United States and the Worldwide Struggle for*

Democracy. Princeton, N.J.: Princeton University Press.

Tudoroiu, T. 2010. "Post-Communist Democratization Revisited: An International Relations Approach." *Perspectives on European Politics and Society*, Vol.11, No.1, pp.80~108.

Valdez, S. 2011. "Subsidizing the Cost of Collective Action: International Organizations and Protest among Polish Farmers during Democratic Transition." *Social Forces*, Vol.90, No.2, pp.475~495.

Von Soest, C. 2015. "Democracy Prevention: The International Collaboration of Authoritarian Regimes." *European Journal of Political Research*, Vol.54, No.4, pp.623~638.

Wong, Joseph, 2005. "Adapting to Democracy: Societal Mobilization and Social Policy in Taiwan and South Korea." *Studies in Comparative International Development*, Vol.40, No.3, pp.88~111.

Zanotti, L. 2005. "Governmentalizing the Post–Cold War International Regime: The UN Debate on Democratization and Good Governance." *Alternatives: Global, Local, Political*, Vol.30, No.4, pp.461~487.

李美淑. 2012. 「韓國民主化運動における地下情報の發信―越境的なキリスト者ネットワーク形成の背景と活動を中心に」. *Contact Zone*, Vol.5, pp.145~172.

2장

프로테스탄티즘과 민주주의 정신

WCC의 아시아 민주화운동 지원과 국제 연대

김학재(서울대학교 통일평화연구원)

1. 한국의 민주주의와 국제 연대

한국의 민주화운동에 대한 기존의 연구들은 한국 민주화운동의 역사적 배경과 전개를 분석하고, 중요 장면들을 발굴하고, 증언들을 기록하고, 깊이 있는 다양한 이론적 해석들을 해왔다. 지난 30년간 이런 노력들을 토대로 엄청난 지적 성과가 축적되어 있다. 그동안의 연구들은 주로 국내적 차원의 민주화운동과 국내 정치 변동을 설명해왔다. 특히 1970년대 반독재 투쟁과 1980년대 학생운동이 많은 주목을 받아왔고, 이런 접근들은 한국 시민사회가 수십 년간의 반독재 운동을 통해 1987년 민주화에 도달하는 국내 정치 과정을 분석해왔다.

하지만 민주화 이후 30년이 지난 시점에서 한국 민주주의를 평가하면, 국내 정치 과정에 주목하는 것 이상의 복합적인 평가가 필요하다는 것을 알 수 있다. 형식적 민주화가 이루어지고, 성공적인 정권 교체를 통해 민주주의가 공고화되었지만, 민주주의가 더 성숙해지고 다양한 분야로 안정적으로 확대되지 못했다. 1997년 아시아 금융 위기 이후 한국 사회는 급속히 세계 경제 질서로 편입되면서 내적으로 급격한 구조 조정이 일어나고 사회경제적 불평등이 심화되는 변화를 겪었다.[1]

2000년대에 들어서도 민주주의가 안정적으로 발전하기보다는 여전히 권위주의 체제의 유산이 지속되었고, 심지어 지난 수년간은 정치적 민주주의마저 퇴행하는 현상을 보였다. 2016년의 촛불 혁명은 대통령제의 정치권력이 급격히 사사화私事化되고, 특권과 부패가 심화되며, 민주주의 체제의 책임성이 극도로 약화되고, 남북 관계까지 급격히 악화되는 다양한 위기에 직면해 민주주의가 후퇴하는 것을 시민들이 대중운동을 통해 가까스로 막아낸 사례였다고 할 수 있다. 이런 경험은 민주주의는 단선적으로 진보하지 않으며, 권위주의의 유산과 지정학에 발목 잡혀 있기도 하고, 세계의 정치경제학적 환경 변화와 상호작용 하며 변화하기도 한다는 것을 잘 보여준다. 민주주의는 어떤 경우에 후퇴하거

---

1   경제적 불평등과 민주화, 민주주의의 공고화의 관계에 대한 많은 연구가 진행되었다. 불평등의 수준이 민주화 과정에 미치는 영향에 대한 연구는 단순히 축적된 부의 수준이 아니라 분배의 문제가 민주화에 결정적 영향을 준다고 분석했다(Ansell and Samuels, 2010: 1543~1574). 최근의 연구에선 불평등 그 자체가 민주화에 미치는 영향보다는 민주주의의 공고화에 미치는 영향이 더 크다는 것이 밝혀졌다. 중진국 단계에서의 불평등은 민주화를 촉발할 수 있지만, 고소득 선진국 단계에서의 불평등은 민주화를 저해하고 민주주의 수준을 낮춘다는 것이다(Houle, 2016: 503~529).

나 붕괴되며, 어떤 경우에 더 개방적이고 포용적인 정치체제로 나아갈 수 있을까?

사실 한국 사회의 민주화 가능성 자체를 부정적이고 회의적으로 바라보는 시선이 오래 지속되었다. 특히 미국 학계의 동아시아 민주주의에 대한 연구들은 아시아에서의 민주주의 발전 자체를 회의적으로 평가한다. 이들은 주로 아시아 지역을 문화론적·문명론적으로 접근해 동아시아 민주주의의 저발전 요인을 유교 문화나 비서구 문명 자체의 특성으로 치부한다. 이들은 동아시아에는 민주주의가 부적합하다는 결론을 내리기 위해 서구·비서구의 이분법적 도식으로 각 지역의 차이를 본질화essentialize하는 경향을 보여왔다(Bell, 2013; Shin, 2012; Kim, 2014; Youngs, 2015). 이를 이른바 '반민주 문명론'이라고 부를 수 있을 것이다.

하지만 한국엔 민주주의가 부적합하며, 유교적 유산으로 인해 결국 민주주의가 정착하지 못할 것이라는 반민주 문명론의 예상이 오류였다는 것이 곧 증명되었다. 한국의 민주화는 어떤 예외적 현상이 아니라 헌팅턴(Huntington, 1991)이 "제3의 민주화 물결"이라고 부른 현상의 일환으로서, 1974~1990년 사이에 남유럽, 아시아, 라틴아메리카, 아프리카 등지의 30여 개국이 권위주의로부터 민주주의 체제로 이행한 세계적 현상의 일환이었다는 보편성이 있다.

흔히 유교 문명이라고 여겨지는 동아시아의 국가들은 다양한 방식으로 민주주의를 발전시켜왔다. 특히 일본, 한국, 타이완의 민주주의는 대체로 공고화되었다고 진단하고 있다. 물론 향후 동아시아의 민주주의가 더 성숙할 것이라는 낙관적인 연구도 있으며(Diamond and Plattner, 2013),

아시아의 민주주의는 아직 미성숙하고 불완전하다며 좀 더 비관적인 전망이 제시되기도 한다(Dore et al., 2014). 이런 논란이 있음에도 불구하고, 특히 한국과 타이완의 민주주의는 동아시아 민주주의의 성공 모델이다. 헌팅턴이 분류했던 3차 민주화 물결에 해당하는 80여 개 국가들 중에 3분의 1은 현재 민주주의가 붕괴되고 권위주의로 후퇴했다. 그러나 한국과 타이완만이 가장 성공적으로 민주주의가 공고화되었고, 안정적으로 운영되고 있으며, 더 심화되어 발전하고 있다(Diamond and Shin, 2014).

왜 한국(과 타이완)에서만 안정적 민주주의와 번영하는 개방 경제가 공존할 수 있을까? 한국과 타이완의 민주화가 30여 년이 지난 시점에서, 두 국가의 민주주의 체제의 안정성과 불안정성에 대해 다양한 국제 비교를 통해 복합적 분석[2]이 필요한 상황이다.

좀 더 복합적인 평가를 위해서 이 장에서는 다음과 같은 질문들을 제기한다. 먼저 한국의 민주화와 민주주의의 공고화에 영향을 미친 국제적 차원은 무엇일까? 이미 2000년대 초반 이후 다양한 비교 정치 연구들이 국내 정치 과정뿐만 아니라 민주화에 영향을 미친 국제적인 요소들을 검토하는 연구들을 진행해왔다(Pevehouse, 2002: 515~549). 한국의 민주화 과정의 국제적 차원에 주목한다면, 적어도 두 가지 추가 질문이 필요하다. 한국의 민주화 과정에서 이웃 국가들과 국제기구, 시민단체들의 역할은 무엇이었을까?[3] 한국의 민주화 과정과 지정학적인 국제 정세의 변화는 어떤 연

---

2 민주화운동의 다양한 국제 비교에 대해서는 김호섭·이병택 엮음(2016) 참조.
3 셸리는 민주화의 국제적 차원에 대한 연구를 진행했는데, 타이완과 한국을 주 분석 대상으로 해, 국제 경제와 원조, 유엔과 국제 레짐, 대규모 시위의 국제화, 국제 NGO 등의

관이 있었을까? 즉, 탈냉전, 미·중 화해 등 지정학적 요인은 한국의 민주주의의 발전과 저발전에 어떤 영향을 주었을까? 이런 질문들은 한국의 민주화 과정이 어떻게 국제적으로 연결되어 있는지를 주목하게 해준다.

이 장에서는 먼저 한국의 민주화 과정에서 작동한 지역적 차원의 연대와 네트워크에 의한 상호작용의 문제에서 출발하려 한다. 사실 민주화운동 이전에도 동아시아의 역사에선 국제연대운동의 경험이 존재했다. 먼저 한국과 타이완에서 식민지 시기 항일운동 세력의 국제 연대에 대한 연구가 있고(한상도, 2006: 169~2140), 동아시아 아나키스트들의 반파시즘, 반전 국제연대운동에 대한 연구들이 있다(조세현, 2008: 327~ 355; 김정현, 2010: 115~157; 한상도, 2015: 547~584). 냉전 초기 한국의 민주화운동 과정에서 다양한 해외 활동이 존재했다는 것을 기록하고 분석한 다양한 연구가 있다(류상영 엮음, 2007; 조현옥, 2005: 72~94; 이정은, 2013: 143~184; 조기은, 2015: 177~220).

이 장에서는 특히 냉전 초기, 민주화운동이 시작되던 시기에 국제적 네트워크를 통해 한국의 민주화운동을 지원했던 국제 종교 조직과 네트워크 활동에 주목하려 한다. 1970~1980년대 기독교계 및 가톨릭계 등 종교적 네트워크가 한국의 민주화운동을 지원했는데, 이에 대해서도 그동안 몇몇 연구들이 진행되었다(김흥수, 2007: 199~224; Lee, 2014: 241~270). 하지만 기존 연구들은 구술과 자료 수집을 통해 중요한 인적 네트워크를 중심으로 역사적 분석을 하는 데 주력했다.

역할이 민주화 과정에 어떤 영향을 주고받았는지를 분석했다(Shelley, 2005).

이 장은 국제 종교 조직을 기반으로 한 초국적 사회운동과 국제 연대 활동을 좀 더 이론적으로 해석하려는 시도이다. 사실 국제 종교 조직의 연대 활동의 배경에는 유럽 사민주의 국가들이 있었으며, 이들이 1960년대 후반부터 국제 개발 협력, 종교 활동 등 다양한 채널로 아시아의 민주주의 활동을 지원했다. 이런 경험은 비단 과거의 한국의 사례에만 한정된 것이 아니라 오늘날 다양한 국제기구들이 국제 원조를 통해 민주주의를 촉진하는 활동을 하는 것과 연속성을 갖고 있다(이정옥, 2010). 이에 대한 사회과학적 연구들도 많이 이루어지고 있는데, 이 연구들은 국제적 차원에서 여러 국제기구와 연구소, 시민단체 네트워크의 활동에 의한 민주주의적 규범과 정책의 확산diffusion(Grugel, 2007; Gleditsch and Ward, 2006) 과정을 분석하고 있다. 이런 맥락에서 이 장에서는 냉전 초기 한국의 민주화운동에 대한 국제적 지원이 가능했던 배경과 그 메커니즘을 국제 사회운동과 규범의 확산 및 수용 이론들을 통해 이론적으로 해석해보고자 한다.

하지만 냉전 초기 이러한 국제 연대 활동은 냉전이라는 지정학적 갈등 속에서 이루어졌다. 따라서 지정학적 정세와 조건들이 국제 연대와 민주화에 어떤 영향을 미쳤는지도 검토해야 할 필요가 있다. 다른 제3의 물결 민주화 국가들과 달리 한국과 타이완의 민주주의가 더 성숙해지는 것을 방해하는 특별한 요소가 바로 지정학이다. 보통 민주화의 국제적 차원에 주목하는 연구들에서도 외부의 위협과 이웃 국가와의 경쟁이 민주주의를 쇠퇴시키고 발달을 저해한다는 것은 잘 알려져 있다(Colaresi and Thompson, 2003: 381~403). 한국과 타이완은 다른 국가들과 달리, 상대적으로 경쟁적이고 적대적인 지역 안보 환경에 놓여 있었다(Diamond and Shin 2014: 16~17). 하지만 지정학적 영향력이 민주화를 촉진하는 결과를 낳는 경우도 있었다. 특히 한국, 타이완, 필리핀 등 아시아 국가들의 민주화는 중미 화해와 데탕트, 탈냉전이라는 지정학적 변동과 무관하지 않았다.

좀 더 직접적으로 지정학적인 영향을 살펴려면 미국의 민주주의 확산 정책이 한국의 민주화에 어떤 영향을 미쳤는가에 대한 분석을 필요로 한다. 냉전 시기에 다양한 국제기구들은 여러 지역에서 민주주의를 확산시키기 위한 지원을 해왔다. 예컨대 냉전 시기 중동 지역에서 이루어진 국제 연대와,[4] 아프리카에 대한 국제기구들의 원조와 민주주의 확산 프로그램(Dunning, 2004: 409~423), 폴란드 농민들에 대한 국제기구의 지원과 민주주의 확산 프로그램(Valdez, 2011: 475~495) 등이 대표적이다. 특히 이 장에서 주목하는 것은 1970~1990년대 미국 정부가 추진한 지구적 차원의 민주주의 촉진 활동 Transnational Democracy Promotion(Scott, 1999)의 특성이다. 미국도 1970년대까지는 동맹국의 권위주의 체제를 후원했으나 1980년대부터는 민주화를 촉진하는 정책을 추진해왔다(김성현, 2006: 207; 정일준, 2007). 이러한 지정학적 요소와 미국의 개입이 한국의 민주주의 발전에 어떤 긍정적·부정적 영향을 미쳤는지 분석할 필요가 있다.

---

4 중동의 민주주의 촉진 프로그램들이 늘 성공적인 것은 아니었다. 따라서 외부에서 평화와 정의를 위해 한 국가의 민주주의를 촉진한다는 도구적 인식보다 연대를 한다는 인식 전환과, 비개입, 포용성, 성찰성이라는 원칙이 필요하다는 주장이 있다(Banai, 2013: 411~429).

이처럼 한국의 민주화 과정의 두 가지 국제적 차원(국제 종교 기구의 연대 활동과 냉전 지정학의 조건에서 이루어진 미국의 민주주의 촉진 활동)을 분석하기 위해, 다음에서는 우선 분석에 유용한 개념들을 제공하는 기존 연구들을 검토하고, 한국의 상황을 분석하기 위한 잠정적인 분석틀을 도출하고자 한다.

2. 이론적 틀: 초국적 사회운동과 규범의 확산 및 수용

1) 초국적 사회운동 연구

1970년대 이후 전 지구화가 진행되고, 특히 1990년대 탈냉전 이후 국제기구들과 국제 NGO들의 활동이 눈에 띄게 늘어나자, 사회운동의 국내적 차원뿐만 아니라 초국적 사회운동에 주목한 논의들이 등장했다. 이 연구들 중 사회운동이 국제화된 맥락에서 이루어지는 민주화에 대한 분석이 있는데, 특히 초국적 네트워크를 통해 권위주의 국가를 압박하는 부메랑 모델Boomerang Model이 제시되었다(Sikkink, 1998).

이 경우 국가 A는 국내에서 철저히 저항을 탄압해 국내 시민단체의 활동이 제약되어 있다. 대부분의 권위주의 국가들이 그렇듯이 국내의 저항운동을 철저히 탄압해 국내의 정치적 기회구조가 닫혀 있는 경우이다. 이때, 국가 A의 시민단체들이 해외의 시민단체에 관련 상황(주로 인권 침해, 민주화운동 탄압)을 알리고, 도움을 요청한다. 그러면 국가 B의 시

그림 2-1_ 부메랑 모델

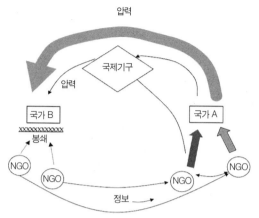

자료: Keck and Sikkink(1998: 13).

그림 2-2_ 변경된 부메랑 모델

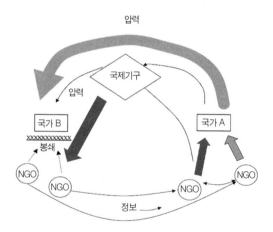

자료: Keck and Sikkink(1998: 13).

민단체가 정부 B를 압박해, 그 정부가 관여하고 있는 국제기구를 통해 우회해 권위주의 국가 A를 압박하는 것이다.

이 장에서 분석하려는 1970~1980년대 한국의 경우는 어떻게 설명할 수 있을까? 국제적 시민단체가 연대해 국제기구 채널을 통해 우회해 압력을 행사했다는 점에서 부메랑 모델로 설명하기 적합하지만(〈그림 2-1〉), 국제기구가 우회하지 않고 직접 한국의 시민단체를 지원하며, 민주화운동의 씨앗을 뿌리고 재정적 연대를 하는 경우도 있었다는 점에서 약간의 변형이 필요할 것이다(〈그림 2-2〉).

2) 초국적 규범의 확산과 전유에 대한 연구

초국적 사회운동의 부메랑 모델의 경우, 시민단체와 정부, 국제기구의 관계와 상호작용, 네트워크와 압력의 흐름을 설명해주지만, 민주화운동의 경우엔 단순히 활동과 상호작용뿐만 아니라 '민주주의'와 '사회운동'을 위한 가치와 규범, 아이디어들이 확산되고, 적극적으로 학습하고, 선택적으로 재해석하고 수용하는 과정이 연계되어 있다.

어떤 사회에서 출현한 사회적 규범이 어떻게 확산되고, 다른 사회와 다른 국가에 수용되고 받아들여지는가에 대해, 정책 확산 연구 분야에서 많은 연구들이 수행되었다. 이들 연구는 초국적 가치와 규범들이 주로 네 가지 메커니즘에 의해 확산된다고 설명한다. 이는 강압coercion, 경쟁competition, 학습learning, 전유acculturation이다(〈표 2-1〉).

먼저 강압은 외부 행위자가 식민 지배, 군사력, 외교적 압박이나 조건부

표 2-1_ 초국적 규범의 네 가지 확산 메커니즘

강압	경쟁	학습	전유
강제력과 무력	최선의 모델	설득	정당성
식민 지배	이익 창출	채널과 네트워크	상징적인 수용
국제기구 가입 조건	법인세 인하 경쟁	참조 그룹	모방
해외 원조 조건	자본 유치	법적 전통	내재화되지 않음

원조, 국제기구 가입 조건 등의 수단을 통해 특정 가치와 제도를 받아들이게 강제하는 경우이다. 경쟁은 전 지구화된 상황에서 다른 국가들보다 더 나은 경제적 성과를 거두기 위해 경쟁적으로 특정 제도를 도입하고 수용하는 현상이다. 학습은 다른 국가의 제도와 사상을 더 정당하고 좋은 것으로 여겨 적극적·자발적으로 받아들이고 완전히 내재화하는 현상이다. 마지막으로 전유는 실제로 그런 사상과 제도를 받아들일 생각이 없지만, 외부로부터의 압력이나 여론을 고려해 형식적으로만 그 규범을 받아들여 정부의 정당성을 높이려는 경우를 의미한다(Goderis and Versteeg, 2013).

다른 한편, 민주주의나 인권 같은 국제적 규범이 외부로부터 일방적으로 한 국가에 이식되거나 수용되는 것만은 아니다. 그 국가의 행위자들은 다양한 방식으로 이를 지역의 맥락에 맞게 적극적으로 수용하고 받아들인다. 아치리아(Acharya, 2004: 239~275; 2011: 95~123)는 단순히 정책이 확산되는 메커니즘이 아니라, 국제 규범이 어떻게 지역화localize되는지, 아니면 지역의 행위자들이 어떻게 국제 규범을 보완하고 지지하고 저항하는지를 설명했다. 이 설명에 따르면 우선 초국적 규범이 지역의 행위자들에 의해 수용될 때 이를 ① 거부하고 저항하거나, ② 국제적 규범을 지역화하거나, ③ 국제 규범으로 기존의 지역 규범을 대체하는

그림 2-3_ 초국적 규범의 지역화 과정

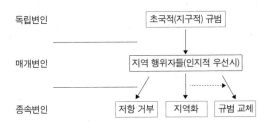

자료: Acharya(2004).

그림 2-4_ 지역 규범을 통한 국제 규범 보완 과정

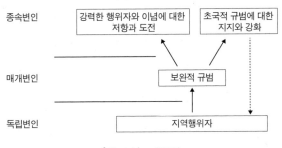

자료: Acharya(2011).

세 가지 양상이 나타난다고 한다(〈그림 2-3〉).

반대로 지역 규범이 국제적·초국적 규범과 제도에 영향을 미치는 경우도 있다. 이때 지역의 행위자들이 기존의 국제 규범이 다루지 않는 새로운 보충적 규범subsidiary norms을 제안하고, 이를 통해 ① 국제 규범이나 행위자들에게 도전하거나 저항하고, ② 특정 초국적 규범을 지지하거나 강화하는 행동을 할 수 있다는 것이다(〈그림 2-4〉).

이렇게 초국적 규범이 해외로 확산되고 특정 국가와 상호작용 하는

표 2-2_ 사회적인 것과 자유주의적인 것의 경쟁적 확산

범주	사회적인 것	자유주의, 시장적 가치
주요 내용	사회권, 복지국가, 노동권, 빈민 정책 규제된 혼합 경제 질서 가족과 성에 대한 규제 토지개혁 농업 협동조합	자유권 시장경제, 사유재산 투자 정책 작은 정부 사유화와 세금 감면

자료: Kennedy(2006); Simmons et al.(2008) 참조.

경우에 대한 연구와 이론화는 주로 실제로 활동하고 있는 국제기구들의 활동 사례를 분석함으로써 더 세세하게 발전했다. 왕성하게 활동하고 있는 특정 국제기구(ILO 참고)를 분석하는 경우, 관련 분야의 국제법과 국제 규범들이 설립되어 있고, 그것을 여러 국가로 하여금 수용하게 만드는 경우에 대한 다양한 사례와 방식들이 논의되고 있다(Thomann, 2012).

그런데 후발 발전, 민주화 국가들에는 단순히 한 가지 규범과 사상 체계만이 영향을 미치는 것이 아니라, 다양하고 때로는 서로 상충하는 규범과 가치 체계들이 동시에 영향을 미치고 상호작용 하는 경우가 있다. 즉, 확산되는 사상과 가치, 제도와 정책이 서로 상충하고 대립하는 경우도 가능한 것이다. 예컨대, 던컨 케네디Duncan Kennedy는 20세기 초부터 사회적인 것의 전 지구화globalization of the social가 이루어지는 몇 번의 계기와 파도들waves이 있었다고 설명한다. 이 과정에서는 주로 유럽의 사회주의나 사민주의, 복지국가, 사회정의에 관한 규범과 사상, 제도들이 전 세계로 확산되었다(Kennedy, 2006).

다른 한편, 20세기에는 자유주의적 시장의 가치가 전 세계로 확산되는 경우도 있었다. 이때는 경제적 자유주의, 정치적 자유주의, 시장화 등의 가치가 미국 헌법 모델이 전 세계로 확산되는 과정에서, 특히 냉전 시기 소련과 경쟁을 하면서 해외 원조와 동맹관계, 외교적 압력과 자문, 학문적 교류 등을 통해 확산되었다(Simmons and Dobbin and Garrett, 2008).

이상의 이론적 개념과 논의들은, 한국의 민주화운동 과정 전체를 포괄적으로 포착하기 위해 유용하게 사용될 수 있을 것이다. ① 초국적 운동 연구들은 부메랑 모델을 제공했고, 한국의 경우엔 이런 모델이 구체적으로 어떻게 작동했으며, 이 모델로 포착되지 않는 행위들과 사례는 무엇인지 파악할 수 있을 것이다.

② 다음으로 정책 확산에 대한 연구들은 특정 가치와 제도, 아이디어들이 어떤 메커니즘을 통해 확산되었는지, 그것이 지역의 민주주의 행위자들에 의해 어떻게 선택되고, 수용되고, 또는 거부되었는지를 식별할 수 있는 개념을 제공해준다. 어떤 가치와 이념들, 운동의 조직 모델들이 지역 주체들의 자발적 학습을 통해 선택되고 수용되었는지, 아니면 정부 차원의 강압에 의해 강제로 이식되거나, 이런 압력에 못 이겨 표면적으로만 수용되었는지 등을 식별해낼 수 있다.

③ 또 규범의 지역화 과정에 대한 연구는 이것이 기존 가치와 모델을 완전히 대체했는지 아니면 지역적 특성이 가미되었는지 등을 판별할 수 있고, 나아가 이 지역적 가치들이 이후 국제 규범에 어떤 영향을 주었는지도 분석해볼 수 있다.

④ 서로 다른 가치들의 확산에 대한 비교는 민주화운동 과정에서 유

럽 채널을 통해 수용된 가치와 모델이 미국 채널을 통해 들어온 가치와 모델과 어떻게 다른지도 비교 검토할 수 있는 참조점을 제공해주고 있다. 주로 유럽의 지원을 받아들인 국제 종교 조직의 민주화 국제 연대 방식과, 미국의 지원, 구체적으로는 정부 차원의 지원을 받았던 민주화 촉진 방식의 차이도 구분해볼 수 있을 것이다.

이상의 이론들은 특정 사례뿐만 아니라 한국의 민주화운동 과정 전체의 국제적 차원을 이해하고 설명하기 위해 모든 과정과 수준, 양상을 포착하게 해주는 복합적 설명 틀을 구성한다.

이런 분석틀을 통해 이 장에서는 한국의 민주화운동 과정의 국제적 차원 전체를 설명하기보다는 우선 한 가지 사례에 초점을 맞추어 분석을 시도하고자 한다. 이 장에서 주목하는 것은 1970~1980년대 국제 종교 기구들이 한국의 민주화운동을 지원한 국제적 연대 활동이다.

이 장에서는 특히 1960~1980년대 세계교회협의회 World Council of Churches(이하 WCC)과 아시아기독교교회협의회 Christian Conference of Asia(이하 CCA)의 역할, 그리고 냉전 시기 미국의 민주주의 촉진 활동에 주목하고자 한다.

그동안 WCC에 대해서는 한국 교회와의 관계에 대한 연구(문병호, 2014: 85~114; 연규홍, 2014: 57~78; 정병준, 2014: 79~113), 한국의 에큐메니컬 운동과 유럽 교회의 교류에 대한 연구(김혜원, 1992: 59~64) 등이 진행되었고, 실제 활동 경험을 가진 분들의 회고(박경서·이나미, 2010; 박상증, 1985)가 존재한다. 이 장에서는 이를 보완하기 위한 인터뷰와 추가로 수집한 자료를 분석해 국제 종교 기구의 연대 활동이 한국의 민주화운동에 미친 영향과 상호작용을 파악하고자 한다.

3. WCC와 아시아 민주주의 지원

유럽은 원래 기독교의 발상지로서 가톨릭과 개신교 문명을 바탕으로
하고 있다. 흔히 근대화는 종교와 정치를 분리하는 세속화secularization과
정을 핵심으로 이해하지만, 기독교의 영향력은 근대 국민국가와 민주주
의적 시민사회의 형성 이후에도 지속되고 있다.

무엇보다 유럽에서 기독교는 제2차 세계대전 이후 기독교민주주의
정당Christian Democratic Party을 통해 주류 지배 정치세력으로 대두하며, 정
치적 영향력을 확보하고 있고 따라서 20~21세기 유럽의 보수 정치사를
이해하기 위해선 반드시 기독교 정당의 가치와 활동을 이해해야 한다.
또한 유럽을 특징짓는 복지국가, 사회 정책에 있어서도 기독교는 근대
적 복지국가가 수립하기 이전부터 복지와 자선, 사회정의의 문제에 관
여해왔을 뿐만 아니라, 정부의 복지정책이 다루지 못하는 민간 영역에
서 꾸준히 복지와 사회 정의를 위한 실천에 개입하고 있다. 이처럼 유럽
의 기독교와 교인들, 교회와 사회단체는 근대적 민주주의 체제가 수립
된 이후에도 정치적·사회적 영향력을 지속적으로 행사하고 있다.

이런 맥락에서 유럽에서 발전한 기독교 국제 조직들이 세계 문제에
개입하고, 나아가 동아시아 국가들에 관심을 갖게 된 배경을 일반적으
로 이해할 수 있다. 유럽의 기독교 국제기구들은 20세기 중후반부터 동

아시아 국가들의 민주화에 관심을 갖고 지원해왔다. 특히 WCC는 창립부터 반나치를 표방하고 시작되었기 때문에, 극우와 전체주의에 반대하고 민주주의를 확대하는 일에 많은 관심을 기울여 왔다(박경서 인터뷰, 2017.2.18).

기독교 국제기구들은 오늘날처럼 다양한 국제기구가 발전하기 전부터 국제적인 원조와 지원 사업을 주도해오기도 했다. 심지어 기독교 국제기구는 제2차 세계대전의 참화를 겪고 난 후 전쟁을 예방하기 위해 수립된 UN보다 먼저 해외 원조와 지원을 시작했다는 증언이 있다. 1950년대부터 WCC의 "시카루스 프로그램"은 이미 전 세계 학생운동에 펀드를 지원해주는 활동을 해왔다. 후원의 성격은 처음에는 제2차 세계대전 이후 난민들을 위한 구제relif 활동으로 시작된 것이었지만, 이후에는 개발, 인권, 민주화 분야로 확대되었다.[5]

WCC가 사회문제, 특히 제3세계에 대한 지원에 관심을 갖게 된 것은 1960년대 후반부터였다. 1966년 WCC의 삶과 봉사 분과는 제네바에서 '교회와 사회church and society' 세계 대회를 개최하고 과학기술의 신학적·윤리적 문제를 제기했다. 당시 WCC는 국제 문제에서 군비 축소, 전쟁 방지를 언급했고, 예배를 인종차별과 가난 문제와 관련시켰다. 이 회의에서부터 회원 교회 수입의 1%를 제3세계 개발 지원 자금으로 지원할 것과 자국 정부를 설득해 국내총생산GDP의 1%를 개발에 투자하도록 결의했으나 이때는 실행으로 이어지지는 못했다(정병준, 2014: 90). 이 '교

---

5 http://www.wcc-coe.org/wcc/what/regional/asia-info-e.html

회와 사회' 회의에 한국에서는 강원룡, 백낙준, 한배호 등 6명이 참여했고, 이것이 이후 한국기독교사회문제연구소, 크리스천 아카데미로 발전한 것이라고 할 수 있다.

WCC의 사회문제 개입과 한국 교회와의 연결에 더 결정적 역할을 한 것은 1968년의 웁살라 총회(문동환, 1968: 9~28; 박양운, 1968: 77~79; 박형규·김관석·강원룡·변홍규, 1968: 84~89; 오재식, 1968: 36~46)였다. 당시 유럽의 68 혁명 분위기에서 개최된 이 총회에서는 사회 정의와 참여에 대한 주제들이 다루어졌으며, 특히 청년 대표들이 25세 이상 WCC 세대의 교체를 요구했다(박상증 인터뷰, 2017.3.1). 이런 맥락에서 라틴아메리카의 메델린 주교 회의는 가난한 사람들을 지원해주는 프로그램을 시작했고 이것이 해방신학의 출현 배경이 되었다. 웁살라 WCC 총회에는 84개국 235개 회원 교회에서 704명의 대표들이 참석했고, 이때 WCC 지도부 세대교체가 일어났는데, 제2대 사무총장으로 미국 출신 유진 블레이크Eugene Carson Blake(1966~1972)가 선출되었다. 이 시기 에큐메니컬 운동의 중심 의제는 사회 정의와 경제 정의였다(정병준, 2014:89). WCC는 웁살라 총회 이후 사회 참여를 강화하는 대폭적인 기구 개편을 했으며, 한국에서는 박상증, 강원룡, 변홍규, 박설봉 등이 웁살라 총회에 참여했다(민관홍, 2014: 35).

세계 가톨릭교회 역시 기독교의 쇄신을 이루고자 했던 제2차 바티칸 공의회(1962~1965) 때부터, 제네바에 사무실을 설치하고 사회적 개입과 실천을 더 강화하려 했다. 그리고 웁살라 총회가 개최된 1968년, 당시 로마가톨릭교회RCC와 WCC는 회원 국가의 GDP의 1%를 사회 발전social development 기금으로 활용해 사회개발평화위원회the Committee on Society

(Development and Peace, SODEPAX)(김관석, 1970: 78~87)를 운영하려 했다(박경서 인터뷰, 2017.2.18; Dunne, 1970). 실제로 1968년 웁살라 총회 이후 회원국 들은 GDP의 2%를 제3세계에 지원하기로 결정했고, 당시 스웨덴과 독일 이 가장 많은 후원금을 냈다.

WCC를 비롯한 국제기구, 국제사회가 한국의 민주화에 대해 좀 더 본 격적으로 관심을 갖게 된 것은 1970년대 유신 체제 시기였다. 당시까지 WCC가 운영한 시카루스 프로그램에 의한 지원은 기층grass root까지 연 결되지 않는 경우가 많았다. 이런 국제기구·지역 교회 사이의 공식 지 원보다는 양자 관계의 지원을 받는 경우가 많았다. 예컨대, 헤리 데니얼 신부가 독일 엘리자베스와 합의해 300만 달러를 WCC에 지원하기로 했 고, 1970년대 당시 WCC를 이끌던 필립 포터 Philip A. Potter(1972~1984)가 이를 카테고리 C 예산으로 분류해 라틴, 아프리카, 아시아에 지원해주 었다. 이 예산에서 1970년대 매년 50만 달러가 CCA의 오재식 박사를 통해 한국에 지원되었다(박상증 인터뷰, 2017.3.1). 즉, 1968년 유럽의 민 주주의 움직임에서 교체된 WCC의 새로운 리더십과, 아시아에서 민주 주의가 악화되는 상황, 한국 교회의 국제적인 활동이 맞물려서 국제적 연대가 이루어진 것이다.

1973년 7월 김대중을 지지하는 기독교계 인사들이 주축이 되어 한국 민주회복통일촉진국민회의(한민통) 미주 본부가 결성되었다. 한국기독 교교회협의회KNCC는 한국의 정치 상황에 대해 아시아기독교교회협의 회 및 세계교회협의회에 알렸고, 1973년 11월에 독일에서 개최된 한국 기독교인 수련회에서 재독 한인 목회자와 유학생, 독일 목사들이 한국의 독재를 규탄하는 성명서를 발표하기도 했다. 당시 한국에서는 장준하, 함석헌, 김재준, 김수환 등이 참여한 '유신헌법 개정 청원 100만명 서명운동'이 일어나 유신 체제에 대한 저항운동이 확산되었다. 유럽에서의 한국 민주화운동은 1974년에 조직화되었고, 한국민주사회건설협의회가 조직되었다(김홍수, 2007: 199~203).

한국인들이 국제 네트워크를 통해 활발하게 활동하자 WCC도 조금씩 한국의 정치 상황과 인권 문제에 관심을 기울이기 시작했고 특히 독일, 미국, 일본 교회들이 관심을 보이기 시작했다. 실제로 WCC가 한국 문제에 관심을 보인 경우로는 1975년 나이로비 총회와 인혁당 사건에 대한 BBC 보도 사례를 들 수 있다. 박상증 목사는 다음과 같이 증언했다.

1975년에 WCC 나이로비 총회에 참석하기 위해서 모종선, 박설봉, 원주병원 원장 강원용 목사도 오셨거든. 그런데 한국 문제가 공식적으로 논의되는 것이 완전히 봉쇄돼서, WCC에서 교리문으로 채택하려던 것이 안 되고 있었어요. 그래서 할 수 없이 내가 필립 포터 총무를 만났습니다. 만나서 사정이 이런데, 유일한 길이 필립 포터 총무가 직접 이 문제를 제기하는 것밖에 없었다. 실제로 중앙정보부에서 여러 방해를 했었지만 필립 포터는 공식적으로 이 문제를 제기했다. 하지만 결국 투표에서는 부결되었다. 그럼에도 인혁당 사건에 대한 BBC 다큐멘터리를 나이로비 총회 특별 전시실에서 한국 상황을 알리기 위해 하루 종일 상연했다(박상증 인터뷰, 2017.3.1).

나이로비 총회의 공식 기록에는 세계교회협의회에 박정희 군사 정부의 억압에 대해 보고가 되고 논의가 된 것이 기록되어 있다(민관홍, 2014: 37).

이런 과정에서 이후 한국의 민주화를 해외에서 체계적으로 지원하는 네트워크로서 한국기독교동지회가 창설되었다(김흥수, 2007: 1). 박상증 목사의 회고에 따르면, "1975년도에 나이로비 총회 때에 안병무, 김광석 등등 이런 사람들이 대표로 나이로비에 가게 됐는데, 그 사람들이 오는 걸 계기로 해서 우리가 제네바에 한 150명을 모았어. 이후로 미국, 일본 등등의 교회 대표들을 150명을 모아 가지고 한국에서 온 사람들의 이야기를 직접 듣고 우리가 국제적인 조직들을 하나 만들자. 그런 계획으로 소집을 했는데 …… 제네바에는 내가 있고(박상증) 동경에는 오재식이 있고, 미국에 이승만 목사, 손명걸 박사가 있어서 국제 운동을 조율"했다고 한다(박상증 인터뷰, 2017.3.1). 이 모임은 1980년대까지도 지속적으로 한국의 민주화운동에 대한 지원 활동을 했다.

한국기독교동지회의 활동은 이후 1980년 광주 민주화 항쟁 이후에도 이어졌다.

인디애나 있을 때야. 그때 북미기독학자회 대회를 워싱턴DC에 있을 때인데 내가 초대받아서 갔죠. 그때 문동환 목사하고 이우정 씨가 왔어. 근데 회의 중에 5·18이 생긴 거야. 그때 서울에서 주재강사를 레이니를 불렀고. 근데 이제 서울에서 문동환 목사하고 이우정 선생을 당분간 들어오지 말아라. 그러니 미국에 있는 우리가 문동환 목사 가족하고 이우정 선생 먹고 사는 문제를 해결해야 되잖아. 그래서 문동환, 이우정 선생 문제 해결하는 역할을 우리가 해야 하는 거야. 그래서 문제 해결을 했어. 근데 그때 미국에 있는 한국학을 하는 미국 친구들이 있어. 한국에 Peace Corp 하러 왔다 간 친구들이야. …… 5·18 때 광주 가서 찍은 것들, NHK 큐슈가 찍어온 것, 독일에서 편집한 것, 그다음에 내가 광주 들어간 다음에 미국 텔레비전에 가서 찍은 것들, 이런 것들을 5개를 모아 가지고 편집을 한 거야. 5·18 광주 사태로. 그게 한 6개월 걸렸어. 그때 이제 내가 자본금을 4000불을 가지고 사람들이 기부하더라고. 그리고 가발로 돈 번 김 장로가 재정을 맡았는데, 내 생각에는 자기 돈이 많이 들어갔을 것 같아. 한 달에 한번 재정 보고를 하는데 아무 문제 없습니다, 다 되어 있습니다, 하는데 자기 돈이 들어갔지. 그래서 1년 만에 비디오를 만들었어. …… 이거를 1982년 뉴욕 리버사이드 처치에서 큰 스크린에다가 비디오를 보였는데 뉴욕 뉴저지 전라도 사람들은 다 모였을 것 같아. 눈물바다가 됐지요(박상중 인터뷰, 2017.3.1).

WCC가 아시아의 민주주의 활동을 더 본격적으로 지원하기 시작한 것은 박경서 박사가 아시아 책임자로 취임한 이후였다. 그 전에는 아시아 전체에 약 800만 달러를 지원하는 실정이었다. 이와 비교해 당시 아프리카에는 4600만 달러가 지원되고 있었다. 박경서 박사가 WCC 아시아 데스크 책임자로 임명된 1984년부터는 상황이 바뀌어서, 아시아 지역에 연간 3500만 달러를 후원했다. 결국 WCC의 아시아 운동 지원 활동은 이때부터 본격적으로 시작되었다고 할 수 있다.

1984년부터는 개발 자금과 별도로 인권 자금이 설정되어 후원이 이루어졌다. 기존의 개발 자금은 빈민 구제와 제3세계 원조를 위한 자금이었지만, '인권 자금'은 그 국가들의 인권침해 상황을 개선하기 위해 민주화운동을 돕는 연대의 성격을 갖게 되었다. 1985년 1월부터 NCC가 WCC 데스크에서 자금을 후원받기 시작했다. 그때부터 1995년까지 10년 동안, 처음 120만 달러로 시작해서 나중에 80만 달러까지 매년 WCC가 한국의 민주화운동을 지원했다(박경서, 2010). 당시 WCC는 최대 아시아 37개국을 후원했다(박경서 인터뷰, 2017.2.18).

WCC의 아시아 민주주의 지원 활동은 국제 무대에서 활동하는 한국인들에 의해 활성화되었다. 특히 도쿄에서 근무하던 오재식 목사가 1983년에 한국으로 들어온 이후, 이런 지원이 더욱 활발하게 이루어졌다. WCC 시카루스 프로그램은 1984년부터 1993년까지 NCC 주요 예산으로 100만 달러 내외의 금액을 한국에 지원했고, 1992년부터는 CCA 주요 예산으로 200만 달러를 지원했다. 특히 1987년 6·10 항쟁 당시 학생들을 지원하기 위해 WCC는 오재식 목사를 통해 25만 달러를 지원한 바 있다(박상증 인터뷰, 2017.3.1).

그렇다면 WCC는 어떻게 광범위한 국제적 활동 자금을 모을 수 있었을까? 이 바탕에는 유럽 사민주의 국가들의 조세 시스템이 있다. WCC로 지원되는 자금은 주로 독일 자금으로 사민주의 국가 독일은 종교세가 있어서 국가 공식 재정으로 이런 작업이 가능했다. 독일뿐만 아니라 스웨덴, 덴마크, 노르웨이, 핀란드, 영국, 네덜란드, 캐나다 등 사민주의 세력이 강했던 국가들이 교회세를 통해 WCC를 지원했던 것이다.

이처럼 WCC는 제2차 세계대전 이전 반나치 활동을 하던 역사적 토

그림 2-5_ WCC의 아시아 민주주의 운동 지원과 연대의 네트워크

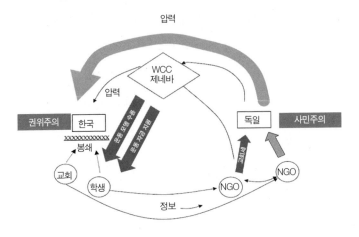

대 위에서 등장했고, 제2차 세계대전 이후 기독교 민주주의 정당이 가장 강력한 정치 세력으로 자리 잡은 유럽의 맥락에서 해외 원조 활동을 시작했다. 유럽 내에서 급진적인 사회운동이 일어나고 마침 국제 교회 조직이 사회참여와 개입을 강조하던 1968년 웁살라 총회 이후 WCC의 해외 원조와 개입은 더 확대되었다. 그러던 중 1971년 한국에 권위주의적 유신 체제가 수립되고 민주주의에 대한 탄압이 강화되자 국제기구들은 더 큰 관심을 기울이게 되었고, 이 가운데 정부의 탄압을 받고 해외에서 활동했던 한국의 종교인들이 WCC의 아시아 민주주의 지원, 특히 한국의 민주화 활동에 대한 금전적 지원을 지속하고 확대했던 것이다.

이를 도식화하면 〈그림 2-5〉와 같다. 1970년대 한국에 억압적인 권위주의 유신 체제가 들어서자 국제 종교 기구에 가입되어 있던 한국의 교회들은 WCC를 통해서 민주화운동에 대한 직접적인 금전 지원을 해

주게 된다. 이때 WCC의 활동 자금은 독일로 대표되는 유럽 사민주의 국가들의 교회세와 기부 등으로 충당되었다. 따라서 초국적 사회운동이 제시한 부메랑 모델에서는 두 국가의 시민사회 단체 간의 연계가 강조되고, 국제기구를 통해 권위주의 정부에 행사하는 압력이 강조되지만, 1970~1980년대 WCC의 한국 민주화운동 후원의 경우엔, 한국의 교회가 직접 WCC에 연결되어 있었고, 한국의 종교인들이 해외와 국제기구에서 활동하며 직접적으로 한국의 시민사회 단체를 후원한 사례이다. 그리고 WCC의 연대 방식은 주로 활동에 필요한 자금을 지속적으로 지원해주는 형태로 이루어졌다는 것을 알 수 있다.

이렇게 일반적으로 도식화된 WCC의 아시아 민주주의 지원 활동의 역사와 시기별 한국 지원 프로그램에 대해 향후 더 체계적이고 종합적인 연구와 분석이 필요할 것으로 보인다.

4. CCA와 아시아 민주주의 지원: 도시산업선교회

WCC의 활동과 한국 민주화운동 지원이 유럽 전체 맥락의 변화와 연관되어 있고 금전적 지원의 성격을 띠었다면, 더 구체적으로 아시아의 맥락에서, 특히 한국 내부의 사회운동과 국제 연대가 만나게 되는 것은 CCA의 활동과 관련이 있다.

CCA는 1957년부터 방콕에서 수립되어 활동을 시작했고, 1973년에는 싱가포르 트리니티 칼리지로 옮겨서 1987년까지 활동했다. 1992년 이후에는 홍콩 루터 신학대로 옮겨서 2007년까지 활동했고, 2007년 이후 현재까지는 태국 치앙마이로 옮겨서 활동 중이다.[6]

안재웅 목사와의 인터뷰에 따르면 "WCC의 시카루스 지원이 들어오기 전에는 EMS Evangelical Mission in Solidarity가 상당한 돈을 마련해서 한국기독학생회총연맹 KSCF(Korea Student Christian Federation)에 지원했다. 그것이 학생운동을 돌리는 큰 자금이 되었다"고 한다(안재웅 인터뷰, 2017.2.18). 즉, WCC의 자금 지원 이전에 존재하던 기독교 네트워크와, 특히 한국 내부에서 자체적으로 에큐메니컬 운동의 일환으로 활동하던 한국기독학생회총연맹의 역할이 중요했던 것이다.

한국에서 기독교학생회는 1957년 한국기독학생회 KSCM을 수립해 활동하다가, YMCA, YWCA를 통합하려는 시도에서 1969년 11월에 한국기독학생회총연맹 KSCF(Korea Student Christian Federation)을 창설했다. 1968년 기독교 학생 단체들은 수원 농과대학에 모여서 '한국을 새롭게'라는 타이틀로 여름 대회를 개최했고, 한국기독학생회, YMCA, YWCA 세 단체의 800명이 참석했다. 이 대회에서는 서구의 1968 혁명의 분위기와 WCC 웁살라 총회의 문제의식을 이어받아 '사회 개혁'의 중요성을 논의했고, 이를 현실화하기 위해 학생 사역 student mission을 발전시켜야 한다는 논의가 제기되었다. 즉, "사회변혁을 일으키려면 학생들이 현장으로 가야 된다"라는 논의가 대두되었고, 이런 기조 아래 도시 빈민 지역이든

---

6   안재웅 인터뷰, 2017.2.18. 치앙마이에 관련 자료가 있고 문정은 목사가 현지에서 활동하고 있다.

공장이든 어촌이든 농촌이든 학생들이 직접 가서 그 공동체의 구성원으로 살아야 한다는 의견들이 제시되었다.

이런 논의 이후 실제로 학생들이 1학기, 혹은 1년씩 현장에 가서 사는 실천들이 이어졌다. 이들은 그 지역에 살면서, 공동체 사람들을 조직하는 CO, 즉 'communiy organization' 활동을 했다. 이런 활동들이 나중에 일반 학생운동으로 확산되어서 공장으로 직접 가는 것, 즉 공활이 되었다. 이렇게 1969년부터 시작된 학생 사역 활동은 "가라, 보라, 행동하라(go, look, act)"라는 기조 아래에서 움직였다. 모든 멤버가 현장으로 가서 그 현실을 보고 사람들을 조직화해서, 사회를 변혁하는 기초를 만들자는 논리로 활동한 것이다. 안재웅 목사에 따르면 "이러한 학생 사역 모델은 이후 한국의 인권운동, 민주화운동의 핵심부대 내지 이데올로그 비슷하게 변화"했다(안재웅 인터뷰, 2017.2.18).

이처럼 국제적 사회개입, 실천 운동의 영향을 받은 한국의 기독교 학생운동은 학생운동의 형태를 띠고 있었고, 이들은 주로 지역 공동체 조직 활동에 참여하게 되었던 것이다. 1968년 유럽의 WCC 웁살라 총회에서 강화된 학생운동의 영향이 한국으로 학습되어 learning 대규모 대학생 기독교 학생 조직이 탄생했고, 이들은 그런 운동이 목표로 해야 할 한국의 지역적 주제에 맞추어 localize 공동체 조직 활동을 했던 것이다.

한국기독학생회총연맹은 풀뿌리 학생운동뿐만 아니라 좀 더 직접적으로 정치적인 의견을 내는 활동도 시작했다. 1969년에 KSCF가 생겼을 때, 마침 박정희 정권의 3선 개헌 시도가 있어 이에 반대하는 운동에도 참여했다. 당시 이병린, 함석헌, 김재준, 윤보선, 유진오가 나서서 3선 개헌 반대 운동할 때, 기독교가 김재준 씨를 지원하며 상당히 역할을 했다고 한다(안재웅 인터뷰, 2017.2.18).

한국 기독교의 사회 개입은 시대의 변화에 따라 그 운동의 주제와 목표를 바꾸면서 변화했다. 1970년대가 되자 한국 개신교는 광범위하게 이루어지는 산업화industrialization와 도시화urbanization로 인한 변화에 직면했다.

이 가운데 산업화의 문제로 대두된 것이 바로 산업 전도와 산업 선교의 문제였다. 즉, 기독교의 사회 개입이 한국 사회의 변화와 맞물린 또 다른 과제는 바로 산업 선교였다. 도시 산업 선교urban industrial mission는 역사적으로 유럽 등 세계 교회의 주요 사업 중 하나였는데, 1960~1970년대 WCC에서 독일 학자는 학문적 수준에서 도시 산업 선교의 신학적 의의를 묻는 연구를 하고 있었다고 한다. 19세기 중반 산업화가 이루어지고 20세기엔 전후 경제 부흥을 겪은 독일에서 이 문제는 지나간 문제로서 현실성이 적었지만, 1960~1970년대부터 본격적인 산업화를 시작한 아시아와 한국의 현장에서는 이와 관련된 갈등이 일상의 문제였던 것이다.

세계적으로 '산업 전도industrial evangelism'는 20세기 초 미국과 유럽 등지에서 교회가 공장 노동자들을 전도의 대상으로 삼고 관심을 기울인 것에서부터 비롯되었다. 특히 제2차 세계대전 이후 프랑스에서 가톨릭 교회가 '산업 목사' 제도를 두기 시작한 것을 중요한 계기로 삼고 있다.

한국의 산업 선교 활동의 역사를 살펴볼 때, 1954년 한국에 입국한 조지 오글George E. Ogle(1929~) 목사(구해근, 2002)의 목회와 도시 산업 선교 활동에 주목할 필요가 있다. 가장 체계적인 연구를 수행한 장숙경은 종교 조직으로서 도시산업선교회의 흐름을 면밀히 추적하며 노동운동에 미친 영향을 분석했다. 그에 따르면 처음에는 보수적인 신앙 교육을 받은 산업 선교 실무자들이 점차 노동자 편에 서서 노동운동을 조직·지원하는 역할을 하게 되었고, 이후 박정희 정권과 결탁한 보수 개신교 세력과는 큰 갈등을 겪게 되었다(장숙경, 2013).

산업 선교가 처음 시작된 것은 1957년경이었다. 한국에서 예수교장로회는 1957년 8월 전도부장 황금찬 목사와 어라복 선교사에게 일본과 타이완의 산업 선교를 시찰하도록 했고, 영등포와 안양에 3명의 교역자를 파송했으며, 1958년 11월 오철호 전도사를 임용하고 인천, 대전, 부산 등 12개 도시에 각 지방 산업전도위원회를 조직하는 것을 중요한 계기로 초기 산업 전도를 이끌었다(이상록, 2015: 98~99). 처음에 산업 선교는 1960년대에 한국의 신학과 학생들이 영등포의 장로들 소유 공장에서 산업 전도를 하는 것으로 시작되었다. 선교의 대상이 된 것은 주로 여성 노동자들이었다.

산업 선교는 국제적인 채널을 통해 더 강화되었다. 1958년 6월 필리핀 마닐라에서 개최된 제1회 아세아산업전도대회에 4인의 한국 대표가 참가했고, 이 대회는 아시아에서 산업화가 촉진됨에 따라 교회가 프로그램을 재조직할 것을 강조했다. 교회가 노동자들을 전도하고, 노동자들의 권익을 옹호하는 노동조합 조직을 도와야 한다는 것이었다(홍현설, 1959: 31~32).

오글 목사가 인천에 부임하면서 공장 경영진을 통해 노동자를 전도하는 것보다 전도자 자신이 노동자들 속으로 들어가 그들의 세계를 몸으로 경험하는 것으로부터 선교가 모색되어야 한다고 생각했다(이상록, 2015: 100). 오글 목사와 별개로 1960년대 초 시카고의 도시 선교urban mission 담당자들, 특히 허버트 화이트Herbert White라는 인물이 연세대학교 도시문제연구소를 방문했다. 이때 인명진, 권오성, 김동원, 조규승, 김진홍 등이 창신동 판잣집에 하숙하며 도시 선교 문제에 관한 교육을 받았다(박상증 인터뷰, 2017.3.1).

이렇게 도시산업선교회가 형성되자, 국제 종교 기구가 이들의 활동을 도와주는 네트워크가 형성되기 시작했다. 도시 산업 선교를 시작한 조지송 목사 그룹은 CCA의 도움으로 필리핀의 마닐라를 방문해 도시 산업 선교의 개념과 방식을 배워왔고, 이를 바탕으로 1964년부터 영등포에서 도시산업선교회를 시작했다. 이는 예장이 파송하는 형식으로 시작된 것이었다. 그 이후 조지송 목사가 감리교와 같이 인천에 도시 산업 선교를 시작하게 되고, 그러면서 한국 노동운동사의 중요한 사건들로 기록된 대성목재 사건, 동일방직 사건 등이 발생하게 된 것이다(안재웅 인터뷰, 2017.2.18). 도시산업선교회는 이후 국제적으로 사회개발이 이슈가 되며 '사회개발단'으로 변화한다(안재웅 인터뷰, 2017.2.18).

1968년 1월경 태국 방콕에서 열린 동남아기독교협의회EACC 도시산업선교연구협의회를 계기로 '산업 전도'라는 용어는 '산업 선교'로 바뀌게 된다. 노동자 문제를 교회 중심이 아닌 노동조합 조직과 운영 중심으로 사업을 전개하기로 한 것이었다(이상록, 2015: 103~104).

이렇듯 오글 목사의 도시 산업 선교 활동은 WCC를 중심으로 교회의 사회적 책임을 강조하는 1960~1970년대 세계 교회의 변화와 궤적을 같이하는 것이었다(박경서·이나미, 2010: 233~234). 또한 그는 1970년대 '산업 민주주의'에 대해 관심을 가지고 공부를 하며 '경제 발전에서 노동조합의 역할: 남한의 사례'라는 주제로 박사 학위를 받았다(이상록, 2015: 108). 그는 '한국산업선교도시협회'라는 초교파적 기구를 통해 '산업 선교' 활동가들과 만나 교류, 훈련, 연대 활동을 전개하고 있었다.

1970년대 초반 가장 왕성한 활동을 하던 영등포 도시산업선교회는 프리드리히 에버트 재단(독일)과 한국노총의 협조하에 의류 피복 기업에 종사하는 노동자들에 역점을 두어 수천 명을 조직하는 데 성공했다. 이 기간에 교회 조직이 노조를 조직한 기업체 수는 100여 개 기업에 이르며, 노동자들의 수는 4만 명에 이르렀다(임송자, 2010: 315~316).

이렇게 당시 WCC는 URM Urban Rural Mission이라는 하나의 분과를 구성해 세계적인 네트워크를 형성하고 있었다. 초기에는 도시와 산업 선교를 합해 도시 산업 선교로 출발했으나 이후에 농촌이 보태어져 도시 산업 농촌 선교가 되었다. 영등포 도시산업선교회 건물은 1978년에 지어졌는데, 건축 자금은 독일의 개신교 대외 원조 기관인 EZE Evangelische Zentralstelle für Entwicklungshilfe(개발원조를 위한 독일 기독교연합)에서 지원을 받았다(신철영, 2003: 185~187).

이처럼 1968년 웁살라 총회의 영향 속에서 탄생한 기독 학생 조직과 한국 기독교가 1970년대 한국 사회의 현실을 대면하며 구체적인 활동과 운동 목표로 만난 것이 바로 산업 선교의 문제였다. 이런 구체적인 문제를 해결하기 위해 한국의 종교인들은 지역의 국제 종교 기구 CCA를 통해 매우 적극적으로 활동 모델을 학습했고, CCA는 활동 모델의 참조 채널reference channel과 물적 자원material resources을 제공해주었다. 한국의 종교인들은 사회적 정의와 노동권에 대한 국제적 규범을 적극적으로 강화하며 이를 활용했다.

1970년대 사회 변화를 반영하는 두 번째 활동 과제는 바로 도시 빈민의 문제였다. 1970년대가 되어 도시화가 되면서 농촌에서 도시로가 슬로건이 되었다. 그래서 대규모로 도시 빈민촌이 생겨났다. 이때부터는 빈민 선교가 새로운 활동 목표로 대두되었다. 그러자 빈민의 조직화 문제가 교회에서 논의되어 수도원 선교회 박형규 목사가 등장했다. 이 그룹들은 빈민 지역에 빈민 선교를 해야 된다고 주장하기 시작했다.

이 경우도 도시 산업 선교와 마찬가지로 한국의 종교 단체가 주체가되어 직접적으로 한국 사회 문제를 대면하고 이를 해결하기 위해 적극적으로 지식과 자원을 동원하게 되었고, 지역 국제 종교 기구가 이를 지원하고 후원하는 형태로 연대가 이루어졌다.

이렇게 시대가 변화하면서 개신교의 사회 개입 과제는 크게 세 가지 핵심 사업으로 정리되었다. 이는 ① 학생 선교, ② 산업 선교, ③ 빈민 선교(안재웅 인터뷰, 2017.2.18)였다. 이것을 지원해주는 CCA의 채널 역할을 '한국의 알린스키'로 불린 오재식이 담당했다.

오재식은 CCA의 도시 선교를 맡았는데 도쿄에 머물며 한국에 지원금을 송금했다. 특히 1976~1977년대에 상당한 돈이 도시 빈민 선교를 위해서 들어왔다고 한다(안재웅 인터뷰, 2017.2.18).

이처럼 매우 구체적인 한국의 민주화운동 모델을 살펴보면, 한국에서 자생적으로 형성된 한국기독학생회총연맹의 활동이 두드러진다. 이들

그림 2-6_ CCA의 한국의 민주화운동 지원과 연대의 성격

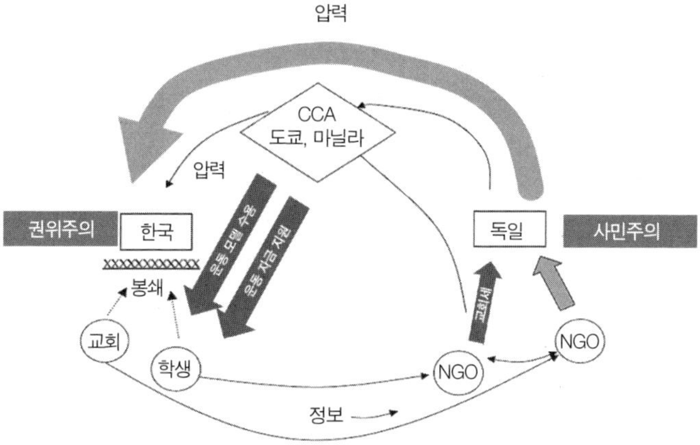

은 1968년 웁살라 총회의 영향 속에서 형성되었고, 학생 선교 활동을 시작했다. 시대가 변화하면서 도시화와 산업화가 전면화되자, 한국 기독교 사회운동 단체들은 도시빈민운동과 노동운동을 전개한다. 이 과정에서 한국 단체들은 해외의 사례를 참조하며 모델을 적극적으로 학습했고, 지역에 거점을 두고 있는 국제기구를 활용하고, 이들로부터 자금을 동원했다. 이와 같은 상황의 개요는 〈그림 2-6〉을 통해 정리할 수 있다. 이때 지역 국제기구와 한국 단체 사이의 상호작용은 일방적이지 않으며, 오히려 한국 단체의 활동과 현실이 더 중심적인 역할을 하고 오히려 국제기구는 이를 지적·물질적으로 지원해주는 간접적 역할을 하고 있는 것을 알 수 있다.

그럼에도 CCA가 관여해 지원한 한국의 학생운동, 노동운동, 도시빈민운동은 1970년대 한국 사회의 사회운동 모델의 씨앗들이 된 것으로

해석할 수 있다. 이러한 기독교의 사회운동 모델이 1980년대 대학생을 중심으로 한 학생운동의 조직, 운동 모델과 어떻게 연속, 변화, 상호작용했는지 연구가 필요해 보인다.

5. 지정학과 민주주의: 미국의 민주화 촉진 활동

한국의 민주화 과정의 국제적 차원을 고려할 때 주목해야하는 세 번째 요소는 지정학적 차원이다. 지정학적 긴장은 역사적으로 살펴보아도 한국과 타이완의 국가 형성, 국내 정치의 전개와 민주주의 발달에 엄청난 영향을 미쳤다. 먼저 한국과 타이완은 다른 국가들과 달리 독재의 유지나 민주화 과정에서 지정학적 영향을 압도적으로 받았다. 한국은 1950~1953년 한국 전쟁을 통해 냉전의 최전선이 되어 북한과 적대적으로 대립하며 체제 경쟁을 지속했고, 타이완 역시 중국 내전 이후 1945년 장제스가 타이완으로 건너와 국가를 건설하며 중국과 적대적 체제 경쟁을 지속했다. 동아시아의 미국·중국 냉전 구도에서 남북한, 중국·타이완 양안의 체제 대립과 경쟁은 강력한 균열 구조cleavage structure를 형성했다.

문제는 이런 외적 균열 구조가 국내 정치에 거의 그대로 제도화되었다는 것이다. 이는 동아시아에서 일본의 식민 지배를 받은 국가들이 탈식민 독립 국가를 형성하는 과정에서 냉전이 시작되었기 때문이다.

먼저 한국에서는 반공주의, 반북한 이념에 기반을 둔 정부가 이승만(1948~1960), 박정희(1961~1979) 시기를 거쳐 1980년대 후반 탈냉전이 이루어질 때까지 지속되었다. 1987년 민주화까지 모든 집권 대통령, 집권 정당은 반공주의, 반북한 노선을 취했고, 이러한 반공주의 이념, 반북한 노선이 한국 보수 정치의 근간을 형성했다.

타이완에서는 장제스와 장징궈의 노선이 이를 반영한다. 타이완은 오랜 내전 끝에 수립되었으며, 이후에도 중국에 대한 전쟁 준비와 금문도에서의 교전과 포격전, 타이완 해협에서의 분쟁이 지속되었다. 국민당 정부는 전쟁 상태를 지속하는 계엄 체제를 40년간 유지했다.

필자는 한국과 타이완의 국내 정치의 문제를 단순히 지정학이 국내 정치에 미친 영향 정도로 인식하지 않고, 좀 더 체계적으로 국제 질서의 균열 구조가 국내 정치의 균열 구조로 유사하게 제도화되는 것으로 설명하고자 한다. 즉, 동아시아 냉전 질서는 유럽이나 라틴아메리카의 민주주의 국가들이 처한 국제 질서 환경과 달리, 위계화된 개별적 양자 관계로 형성된 특징이 있다. 냉전 시기 유럽에서는 여러 국가들과 평등한 다자주의적 질서가 구축되었지만, 동아시아에서는 가장 강력한 소련의 영향하에 중국·북한 블록이 구축되고, 미국의 영향하에 일본·한국·타이완 동맹이 구축되었다. 이런 위계화된 양극 균열 구조는 양극화된 위계질서를 형성했다(김학재, 2016).

이런 국제적 양극 위계질서는 국내 정치에서도 강력한 권위주의 국가의 형성으로 나타났다. 필자는 이렇게 국제 질서의 균열 구조가 국내 정치 구조의 균열구조로 유사하게 형성되는 과정을 양극화의 프랙털 구조 fractal structure of polarization 형성이라고 표현하려 한다. 위로부터 강력한 양극 체제가 형성되면, 그 하위에 편입된 국가들이 형성되면서 유사한 양극화 위계 구조가, 국제 질서의 차원에서도 국내 질서의 차원에서도 형성되는 것이다.

이런 지정학적 조건에서는 시민사회의 국제적 연대는 거의 단절되고 불가능해진다는 것을 이해할 수 있다. 한국과 타이완의 민주화 과정에서 아시아 국가들 간의 풀뿌리 연대가 어려웠던 것은, 냉전으로 형성된 아시아 분단 체제의 국경들이 모두 폐쇄적이고 적대적으로 형성되어 있었고, 개별 정부와 국가가 시민사회를 완전히 통제하고 있었기 때문이었다. 냉전의 지정학적 조건은 한국과 타이완의 정치적 민주를 수십 년간 지연시킨 부정적 요소로 작동했던 것이다.

특히 지정학적 조건은 국내 정치에서 민주화가 이루어지고 민주주의가 공고화되는 데 매우 부정적인 영향을 미친다. 예컨대, 동아시아 냉전의 양극 균열 구조가 한국과 타이완에서 권위주의 국가를 형성시키고, 민주화 과정에서 최초의 정치적 반대 세력이 등장해 수용되는 과정에서는 보수/민주 양당 구도를 형성시켰다. 형식적으로 정당 활동이 금지되지 않은 한국에서는 야당의 역사가 길어서 민주화 이후 비교적 쉽게 경쟁적인 정당 정치로 변화했지만, 타이완에서는 공산당의 강력한 통제와 집권이 지속되다가 1992년 선거 이후에야 야당이 의회로 진출했다(Rigger, 2014: 107~108).

더구나 두 국가 모두 집권 정당과 대통령을 중심으로 강력한 권력이 집중되어 있고, 이 권력을 차지하기 위한 양당 중심의 경쟁이 이뤄지고 있다. 이는 정확히 정치학이 설명하는 국내정치의 양극화polarization 현상을 반영하고 있다(Collier and Collier 1991: 517, 752).

위로부터 냉전 지정학이 변화하고 냉전적 대결이 사라진다고 해서 이에 종속된 한국과 타이완이 정치적으로 민주화되는 것도 아니었다. 동아시아의 양극화된 위계적 국제 질서는, 베트남 전쟁 이후 1972년 중미 화해를 기점으로 변화하기 시작했다. 그러나 중국이 미국과 화해를 모색하던 시점에서 남한과 북한, 타이완에는 모두 강력한 국가 중심적 권위주의 체제가 수립되었다. 이념 경쟁이 완화되고 중국이 경제성장에 매진하는 실용적 노선을 걸으면서, 남한, 북한, 타이완의 권위주의는 이런 변화로부터 국내 정치를 봉쇄하기 위해 강력한 통제 정책을 도입했다. 1972년 중미 화해로 상징되는 지정학적 조건의 변화와 위로부터의 화해가, 냉전 질서의 하위에 속한 국가들의 정치적 변화(1987~1988년 한국, 타이완 민주화)에 반영되는 데에는 약 15년의 격차가 존재했다(정근식, 2011). 이 책의 1장에서 정근식이 지적한 바와 같이 두 국가의 민주화 과정은 지정학적 변화와 긴밀하게 맞물려 있는 것이고 이를 더 규명할 필요가 있는 것이다.

바로 이 15년의 시기가 한국과 타이완의 민주화 과정에 대한 국제적 연대가 집중적으로 이루어졌던 시기이다. 동시에 이 시기는 각국 내부에서 경제성장이 지속되며 도시화가 이루어지고, 중산층이 형성되며, 대학생과 지식인들이 강력한 목소리를 내던 시기이다. 특히 1970년대에는 국제적 네트워크로 민주화운동에 대한 지원이 강화되었다. 한국과 타이완에선 주로 미국 유학생들이 민주화운동을 했고, 일본과 홍콩, 종교 단체로부터 민주화운동에 대한 지원이 이어졌다. 특히 타이완의 민주화운동과 학생운동에서는 미국 유학생들의 네트워크가 매우 강력

한 영향을 미친 것으로 보인다.[7]

1980년대부터는 또 다른 측면에서의 민주화운동의 국제적 차원에 주목해야 한다. 바로 미국 정부가 주도한 국제적 민주화 지원 네트워크와 민주화 촉진 정책들이다. 미국은 1898년 이래 자유주의적 국제주의 노선에 따라 필리핀, 라틴아메리카, 아시아, 일본, 독일의 민주화에 개입했다(Smith, 2012; Cox and Ikenberry and Inoguchi, 2010).

냉전사 연구들은 미국의 민주주의 촉진 활동의 역사를 비교적 관점에서 분석하고 있다. 역사적으로 미국의 민주주의 확산 노력에는 여러 부침이 있었다. 이는 1980년대가 아니라 일찍이 1960년대 케네디 정부부터 시작된 것이었다. 당시 케네디는 라틴아메리카에서의 민주주의 확산을 위해 엄청난 예산과 외교적 노력을 쏟아부었다. 이는 진보를 위한 동맹Alliance for Progress이라는 이름의 프로그램으로 진행되었는데, 미국은 이 프로그램들을 통해 라틴아메리카의 경제성장을 촉진하고, 부의 재분배, 교육 민주주의를 촉진할 것이라고 약속했다. 당시 미국 정부는 총 200억 달러 투자를 약속했다. 이를 통해 경제성장률이 두 배가 되고 더 평등하고 민주적이고 안정적인 사회를 이룰 것으로 기대했다. 미국 정부는 이런 노력을 통해 쿠바의 카스트로가 추구하는 혁명에 대한 예방 효과를 내려 했다. 하지만 베트남 전쟁에 개입하면서부터 정부 예산이 삭감되었고, 케네디의 민주화 노력은 립 서비스에 불과한 것이 되었다.

---

7   타이완의 급진 좌파 학생운동은 대부분 미국 유학 학생들이 유학 후에 돌아와 창설한 조직들에 기원했고, 특히 타이완 통일파의 기원이 되었다(吳永毅, 2017).

1970년대 미국은 다시 노골적으로 군사 독재 정부들을 지원하기 시작했다(Costigliola, 2010: 116~131).

그러나 1980년대부터 레이건 정부는 세계의 민주주의 확산을 위해 좀 더 지원을 하기 시작했다. 전미민주주의기금NED(National Endowment for Democracy) 같은 단체는 노골적으로 세계 각국의 민주화를 지원하고 민주주의 체제를 수립하기 위해 지원을 하기 시작했다(Dae-Han and Hong, 2014: 39~64).

이렇듯 미국은 사실 1970년대까지는 냉전 블록을 유지하기 위해 권위주의 국가들과 파트너십을 맺어왔다. 그러나 중미 화해, 중소 화해가 이뤄진 이후 1970년대에 카터 행정부가 처음으로 인권을 강조하기 시작했고, 1980년대 레이건이 신냉전을 시작하면서 선거 민주주의를 강조하며 다시 공격적으로 민주주의 확산을 위해 노력했다. 즉, 1960년대와 1970년대, 그리고 다시 1980년대 미국의 민주주의 촉진 활동을 비교·검토해보면, 미국은 냉전의 체제 경쟁의 맥락에서 독재국가들과의 파트너십과 민주화 촉진을 전략적으로 선택해왔던 것을 알 수 있다.

케네디가 1960년대에 라틴아메리카로부터 미국에 대한 지지를 얻으려 할 때는 대대적으로 예산을 설정하고, 민주주의뿐만 아니라 폭넓은 사회 발전을 유도하는 지원을 약속했다. 하지만 1970년대에 들어서서 베트남 전 개입으로 국방 예산이 폭증하며 부담이 증가되자, 민주주의 지원 예산을 삭감하였고 다시 독재국가들과의 파트너십을 유지했다. 중국과 데탕트를 이루었지만, 소련과 마지막 군사 경쟁, 신냉전을 치르고 있던 레이건 시기에 미국 정부는 매우 공격적으로 동맹국들을 대상으로 민주주의를 촉진하는 활동을 전개했다. 하지만 이는 실제로 민주화라는 거시적인 사회변동을 추구한 것이었다기보다는 대외적인 선전 전략의 수준에서 이루어진 전략적 선택에 가까웠다고 볼 수 있다. 즉, 냉전 시기에 미국은 지정학적 맥락과 안보를 중시해 민주주의적 정치 개혁을 대외 원조의 중요한 조건이나 원칙으로 제시하지 않았지만, 오히려 탈냉전 이후에야 민주적 개혁을 조건부로 내건 원조의 영향력이 더 커졌다는 설명(Dunning, 2004: 409~423)이 한국에도 그대로 적용되는 것이다.

미국은 민주주의 촉진 활동을 하더라도 안보를 좀 더 우선시하던 시기에는 독재 정권을 지원하기도 했지만, 점차 그 국가의 민주주의 정체성이 커지면 안보 위협이 있더라도 민주주의 촉진활동을 지속해온 것으로 알려져 있다(Huber, 2015: 51~52).

유럽의 WCC를 중심으로 이루어진 아시아 지역으로의 민주주의 지원 및 연대활동과 미국이 주도한 민주주의 촉진 활동의 차이는 유럽은 비교적 정치적 색채가 덜한 종교 기구가 각국 내부의 종교 단체와 연대하며 아래로부터의 민주화 활동과 사회권 중심의 활동을 해왔다면, 미국이 주도한 민주주의 촉진 활동은 미국의 군사적 전략의 이해관계 속에서 미국 정부가 주도하는 매우 정치적이고 전략적인 수준의 활동을 전개했다는 것이다.

이런 이유 때문에 미국의 원조로 인해 한 국가의 민주화가 이루어졌는가에 대한 질문에 많은 학자들이 회의적이다(조정인, 2011: 134~135). 특히 자카리아(Zakaria, 1997: 22~23)는 미국으로부터의 대부분의 원조가 비자유주의적 민주주의를 양산한다고 평가했다. 미국에서 원조를 받는 아프리카 국가들의 정치적 역행 역시 미국의 민주주의 확산 정책의 비효율성을 보여준다. 카라피코(Carapico, 2002: 379~395)는 미국의 원조가 1992년 중동 지역에서의 민주주의 역행에 영향을 끼쳤다고 주장했다.

브레진스키[8]는 한국의 민주화에 미친 미국의 민주주의 촉진과 원조의 모호한 역할을 잘 설명했다. 그는 개발독재에 대한 자카리아의 설명, 즉 경제적 자유화를 추구하는 독재liberalizaing autocracy가 경제성장에 집중하면서도 몇몇 영역을 선택적으로 자유화하며, 몇 가지 민주화의 사전 조건을 만들어낸다는 설명에 반대하고, 한국의 민주화는 미국의 국가 건설과 한국의 자발적 역량agency이 결합되어 한국만의 독특한 정치적 진화의 패턴을 만들어냈다고 주장했다. 그에 따르면 미국은 처음부터 개발독재를 만들려 하지 않았고, 개발독재 체제가 들어섰을 때 이를 민주주의 체제로 변경하려 하지도 않았다. 냉전 시기 내내 미국은 자국의 이해관계에 도움이 되는 독재 정권들이 경제를 발전시키고, 안보를 유지하도록 기꺼이 지원했다. 하지만 미국이 채택한 몇 가지 정책들이 이러한 전환들을 가능하게 도왔다는 것이다. 즉, 미국은 독재 정권들을 돕고 묵인하면서도, 한국인 스스로 발전과 민주주의를 요구하도록 군, 학교, 교육기관들 같은 새로운 제도들을 만들도록 지원했다. 경제를 개발하고 민주화를 이루려는 엘리트 그룹의 등장을 촉진했다(Brazinsky, 2007: 5~6).

---

8 브레진스키는 1980년 5월 22일, 국가안보보좌관으로서, 백악관 정책 검토 회의에서 '필요한 최소한의 무력 사용을 통한 광주의 질서 회복'을 결정하는 과정에 참여했다. 브레진스키는 광주에 대한 묵인으로 인해 반미 정서가 폭발했다고 평가했다(Brazinsky and Gregg, 2007: 240~244).

브레진스키는 미국이 개입한 30개 이상의 탈식민 국가들 중 한국과 타이완만이 안정적인 경제성장과 민주주의 조합을 성취한 유일한 나라라며, 이런 차이를 만든 것은, 부분적으론 미국의 지원의 규모와 지속성이 있겠지만, 결정적인 것은 바로 한국의 자체적인 행위자로서의 역량이 있었기 때문이라고 주장했다. 미국의 영향을 수용한 한국인들의 방식이 궁극적으론 미국이 한 어떤 것보다 더 중요했으며, 한국인들은 미국의 영향을 수용했지만, 유연하고 창의적으로 받아들였다는 것이다.

브레진스키는 여기엔 한국 민족주의의 역할이 있었다고 평가한다. 한국은 일본에 의해 식민화되었기 때문에, 탈식민 민족주의가 곧 반서구를 의미하는 것이 아니었고, 한국 민족주의자들은 미국의 문화적 영향과 민족주의를 화해시킬 수 있었다. 민족주의자들은 매우 열정적으로 교육 시스템을 민주화하고, 미디어 환경을 개선하고, 새로운 세대에 새로운 이상을 촉진시키는 미국의 지원을 수용했다. 하지만 이 과정에서도 외국 문화에 종속되는 것을 극도로 경계하며, 매우 선택적으로 수용했다. 결국 한국은 서구의 문화와 제도를 능동적으로 선택하며 수용하는 능력이 있었다는 것이다(Brazinsky, 2007: 8, 256~260).

이렇듯 한국과 타이완의 민주주의 발달 양상에 영향을 미친 요인들에는 지정학적 요건뿐만 아니라 미국으로부터의 영향이 있었다. 1970~1980년대에는 한국 사회에서 내부로부터 민주주의를 요구하는 흐름도 커졌지만, 냉전 균열 구조가 중국의 화해와 개방 노선으로 변화했고, 동시에 신냉전 국면에서 미국 정부 차원에서 전략적으로 추진되는 민주주의 촉진 프로그램의 영향도 받았다.

실제로 한국과 타이완 등 아시아의 민주주의 국가들은 민주주의의 이념, 제도, 사상을 유럽이 아니라 주로 미국 모델로부터 영향을 받아왔다. 강력한 대통령제나 양당제 구도, 정치적 자유주의와 표현의 자유 중심의 이해 등이 그것이다. 이런 영향 속에서 민주주의는 주로 권위주의와 자유주의의 이분법적 대립 구도로 이해되었고, 유럽식 의회제나 다당제, 연방제와 비례제 등의 이해는 충분히 이루어지지 않았다.

WCC로 대표되는 유럽으로부터의 민주주의 확산은 한국 내부에서 발생하는 자생적 사회운동(학생운동, 노동, 빈민, 민주화)에 대한 연대와 지원의 형태로 이루어졌다. 하지만 NED로 대표되는 미국으로부터의 민주주의 촉진 정책은 주로 소련, 중국과 미국과의 관계라는 지정학적이고 전략적인 상황에 종속된 프로그램이었다. 미국은 예산이 충분하고 적극적인 정책을 펼 때는 정부 차원에서 직접 대규모 투자를 하며 동맹국을 민주화하려 했지만, 예산도 부족하고 안정적인 질서를 유지할 때는 반공 독재국가와 파트너십을 유지하려 했다. 1980년대의 좀 더 공세적인 민주주의 촉진 프로그램도 소련과의 신냉전 국면에서 나온 선전 정책의 성격이 크고, 동맹국의 실질적 민주화에 대해서는 체계적인 지원을 하진 않았다.

결국 미국으로부터의 민주주의 촉진 정책은 비록 종교, 학생 네트워크 같은 민간 차원의 상호작용도 있었지만, 주로 정부 차원에서 이루어졌고, 냉전의 군사, 안보 전략의 관점에서 선택적으로 이루어진 특성이 있으며, 아래로부터의 풀뿌리 민주주의보다는 미국 모델의 자유민주주의 체제를 강조하는 형태로 국제적 연대가 이루어졌다는 것을 알 수 있다.

6. 맺음말

이 장에서는 한국의 민주화운동의 국제적 차원을 규명하기 위해 1970~1980년대 WCC와 CCA를 통한 한국의 민주화운동 연대와, 한국의 민주주의 발전을 제약한 지정학적 조건과, 1980년대의 미국의 민주주의 촉진 활동을 검토해보았다.

먼저 WCC는 1960년대에 사회문제들에 대한 지원과 특히 제3세계에 대한 지원을 본격적으로 시작했고, 1970년대부터 한국의 민주화운동에 관심을 두며 본격적으로 지원했다. WCC는 1980년대~1990년대까지도 아시아의 민주화운동에 대한 다각적 지원을 제공했다. WCC의 지원 활동은 유럽의 사민주의 국가들에 재정적 토대를 두고, 한국의 종교 단체에 대한 직접적인 금전적 지원을 주로 해왔던 것을 알 수 있다.

이에 비해 지역에서 활동하는 CCA는 한국 사회에서 자생적으로 조직된 KSCF의 활동을 체계적으로 지원했다. 1968년 웁살라 총회의 영향 속에서 자생적으로 등장한 한국의 기독교 학생 단체는 1969년부터 한국의 현실에 맞게 학생 선교, 도시 산업 선교, 빈민 선교 활동을 발전시키며, 사회문제를 발굴해 공동체를 조직하는 사회운동 조직화 모델을 도입했다. 1970년대에는 산업화와 도시화라는 현상을 대면해, 한국의 종교 학생 단체는 도시 산업 선교, 빈민 선교 등에 집중했고, CCA는 도쿄 채널을 통해 자금을 지원하고 운동 모델을 학습하는 채널을 제공했다. 결국 WCC와 CCA는 한국에서 생겨난 사회운동에 대해 외부 지원과 연대 프로그램을 전개한 것이었고 이는 한국의 사회운동 발전, 1980년대 민주화운동에 긍정적인 영향을 남겼다(박경서 인터뷰 2017.2.18).

그러나 미국의 민주주의 촉진 정책은 지정학적 상황에 충실한 프로그램이었다. 미국은 필요한 경우엔 반공 독재 국가와 파트너십을 유지했고, 더 공세적인 냉전 대립을 할 경우엔 보다 실질적인 민주화 촉진 프로그램을 도입했다. 결국 중요한 것은 외부로부터의 지원 그 자체가 아니라, 후퇴하지 않고, 더 강력하게 발전한 민주주의를 이루는 것은 민주화를 주도하는 한국인들 스스로의 선택과 열망이 있었기 때문이다.

이렇게 이 장에서는 1960~1980년대 종교 조직과 시민단체를 통해 전개된 한국의 민주화운동에 대한 국제 연대 활동을 살펴보았다. 앞으로 한국의 민주화운동의 국제적 차원과 국제 연대에 대한 체계적 연구는 그것이 한국의 민주주의의 강점과 가능성, 그리고 취약점과 도전들에 대해 어떤 영향을 미쳤는지에 대한 연구로 연결되어야 할 것이다.

국내 과정과 국제 연대의 결합으로 민주화와 민주주의의 공고화에 성공한 아시아의 대표적 민주주의 국가들은 대체로 다수결 제도와 중앙집중화된 행정 권력의 형태를 유지하고 있다. 이에 대해 다양한 논란이 있지만 벤저민 라일리Benjamin Reilly는 아시아식 다수결 민주주의를 통해 개발독재 시기에 발달한 친성장 연합을 유지할 수 있었으며, 그런 점에 있어서는 준민주주의semi-democracy나 민주주의의 질quality of democracy을 추구하는 제도적 형태보다 더 성공적이었다고 평가한다. 그러한 평가의 근거는 다수결 민주주의가 기존 개발독재만큼이나 경제성장을 이룰 수 있었다는 것이다(Reilly, 2017: 162~183).

이는 한편으로 짧은 민주화의 역사라는 조건에서 정치적 안정성과 경제적 성장을 위해 아시아 국가들이 정치적·전략적으로 선택했다는 점은 분명하다. 하지만 단지 다수결 민주주의가 성장 모델과의 친화성만을 기준으로 평가받아야 할지, 세계적 경쟁이 심화되고 사회경제적 불평등이 심화되는 상황에서 민주주의를 저해하고 위협하는 내부의 불평등 문제에 더 책임 있게 반응하는 성숙하고 포용적인 민주주의 체제의 모델로 나아가야 할지에 대해서는 진지한 논의가 필요할 것이다.

1960~1980년대 민주화를 위한 국제 연대의 역사가 보여주듯이, 한 국가의 민주주의 체제가 직면하는 도전은 다차원적이었다. 국내의 독재 정권과 국제적인 안보 불안, 세계 경제의 침체라는 조건이 모두 위협이 되는 것이다. 이에 대한 판단은 한 국가의 민주주의 체제가 어떠한 내외부의 균열과 불안정성 속에서 탄생하고 성장했는가에 대한 분석과, 그 사회의 정치적 주체들이 역사적으로 외부의 균열, 내부의 균열 중 어디에 우선순위를 두어왔고, 각 역사적 국면에서 어떤 균열에 사회의 정치경제적 역량과 에너지를 집중하는 선택을 해왔나를 분석함으로써 가능해질 것이다.

또한 민주주의를 위한 국제적 연대 활동이 어떤 부문에서 더 활성화될 수 있는가는 결국 바로 내외적 갈등과 균열을 해결하고 해소할 능력을 지닌 한 사회의 시민들이 다른 나라의 타자들이 처해 있는 어려움의 조건들(균열과 갈등들)에 얼마나 공감할 수 있는 능력(Arnsperger, 2003: 157~188)이 있는가에 달려 있을 것이다.

참고문헌

구해근. 2002. 『한국 노동계급의 형성』. 창작과 비평사.

김관석. 1970. 「SODEPAX」. ≪기독교사상≫, 14호 9권, 78~87쪽.

_____. 1975. 「세계교회 협의회의 신학적 배경」. ≪신학사상≫, 11호, 818~ 823쪽.

김성현. 2006. 「미국 민주주의재단(NED)을 통해 본 국제민주화운동과 상징권력」. ≪시민사회와 NGO≫, 4호, 207쪽.

김정현. 2010. 「근대 동아시아의 반전·평화를 위한 국제연대」. ≪역사와 실학≫, 43호, 115~157쪽.

김혜원. 1992. 「에큐메니칼 운동에 동참하는 한국교회와 유럽교회의 교류」. ≪한국여성신학≫, 10호, 59~64쪽.

김호섭·이병택 엮음. 2016. 『민주화운동의 세계사적 배경』. 한울.

김흥수. 2007. 「한국민주화기독자동지회의 결성과 활동」. ≪한국기독교와 역사≫, 27호, 199~224쪽.

류상영 엮음. 2007. 『국내·해외 민주화 운동과 한국사회: 사료와 한국학』. 연세대학교 출판부.

문동환. 1968. 「웁살라 대회와 기독교교육」. ≪신학연구≫, 11호, 9~28쪽.

문병호. 2014. 「WCC와 한국교회」. ≪신학지남≫, 81호 4권, 85~114쪽.

민관홍. 2014. 「세계교회협의회와 한국교회의 관계 역사」. ≪한국기독교와 역사≫, 40호, 5~55쪽.

박경서. 2002. 『인권대사가 체험한 한반도와 아시아』. 울림사.

박경서·이나미. 2010. 『WCC창으로 본 70년대 한국민주화인식』. 지식산업사.

박경서·정근식. 2018. 『평화를 위한 끝없는 도전』. 북로그컴퍼니.

박상증. 1995. 『제네바에서 서울까지』. 신앙과지성사.

_____. 1998. 「WCC 50년 역사의 발자취」. ≪신학사상≫, 103호, 38~56쪽.

_____. 2012. 「예수 부활과 나의 삶」. 서공석·정양모 외. 『내가 믿는 부활: 삶의 신학 콜로퀴움』. 대화문화아카데미.

박양운. 1968. 「웁살라 대회 소고: 가톨릭의 입장에서」. ≪기독교사상≫, 12권 10호, 77~79쪽.

박형규·김관석·강원룡·변홍규. 1968. 「웁살라 대회와 한국교회」. ≪기독교사상≫, 12권 10호, 84~89쪽.

신철영. 2003. 「그때 그 자리: 영등포산업선교회, 70~80년대 노동자들의 보금자리」. ≪기억과 전망≫, 5호, 184~191쪽.

연규홍. 2014. 「한국교회의 WCC 이해」. ≪한국기독교와 역사≫, 40호, 57~78쪽.

오영의. 2017. 「남예대기록편여음상보존연구소조리교수, 남예대총무장, 노공운동」. 민주화운동기념사업회 국제 워크숍 발표, 타이완 타이난 성공대학(2017.7.5).

오재식. 1968. 「격동하는 세계와 웁살라 대회」. ≪기독교사상≫, 12권 6호, 36~46쪽.

오철호. 1961. 「한국에 있어서의 산업전도의 실태」. ≪기독교사상≫, 5권 5호, 63쪽.

이상록. 2015. 「기독교의 운동 혹은 대항 - 운동의 논리와 역학: 1960~1970년대 조지 오글 목사의 도시산업선교 활동과 산업 민주주의 구상」. ≪사이(間, SAI)≫, 19권, 92~125쪽.

이정옥. 2010. 『민주주의 국제 협력기관: 지구민주화와 공공외교의 지형도』. 리북.

이정은. 2013. 「한국 민주화 운동단체 연결망의 변천(1980~1992)」. ≪동향과 전망≫, 89호, 143~184쪽.

임송자. 2010. 「1970년대 도시산업선교회와 한국노총의 갈등, 대립」. ≪사림≫, 35호, 311~344쪽.

장숙경. 2009. 「산업선교의 도입과 변화과정 1957~1972」. ≪사림≫, 34호, 171~211쪽.

_____. 2013. 『산업선교, 그리고 70년대 노동운동』. 선인.

정병준. 2014. 「세계교회협의회(WCC) 에큐메니칼 신학의 전개」. ≪한국기독교와 역사≫, 40호, 79~113쪽.

정일준. 2007. 「한국 민주주의와 미국: 박정희 정권시기 한국 정치변동에 대한 미국의 공개 개입과 불개입을 통한 개입을 중심으로」. ≪기억과 전망≫, 17호, 202~238쪽.

조기은. 2015. 「해외 한국민주화운동: 민주민족통일해외한국인연합을 중심으로」. ≪한일민족문제연구≫, 29권, 177~220쪽.

조세현. 2008. 「1930년대 한중 아나키스트의 반파시즘 투쟁과 국제연대: 파금과 류자명을 중심으로」. ≪동북아 문화연구≫, 17권, 327~355쪽.

조정인. 2011. 「탈냉전이후 미국 민주주의 원조금의 절차적 민주주의 증진효과에 대한 경험적 분석」. ≪미국학논집≫, 43호 3권, 129~154쪽.

조현옥. 2005. 「해외의 한국 민주화운동: 본국과의 상호관계 및 정체성 찾기」, ≪경제와사회≫, 66호, 72~94쪽.

한상도. 2006. 「일제침략기 한국과 대만 항일운동세력의 국제연대」. ≪한국민족운동사연구≫, 49권, 169~214쪽.

_____. 2015. 「동아시아 반전·반침략 국제연대 구축의 선행사례로써 일제 침략기 한·중·일 아나키스트들의 연대활동」. ≪통일인문학≫, 61호, 547~584쪽.

홍현설. 1959. 「산업전도에 대해: 아세아산업전도대회 보고서를 중심으로」. ≪기독교

사상》, 3호(1권), 31~32쪽.

박경서 인터뷰, 2017.2.18. 민주화운동기념사업회.
안재웅 인터뷰, 2017.2.18. 민주화운동기념사업회.
박상증 인터뷰, 2017.3.1. 민주화운동기념사업회.

Acharya, Amitav. 2004. "How Ideas Spread: whose Norms Matter? Norm Localization and Institutional change in Asian Regionalism." *International Organization*, Vol. 58, No.2, pp.239~275.

_____. 2011. "Norm Subsidiarity and Regional Orders: Sovereignty, Regionalism, and Rule-Making in the third World." *International Studies Quarterly*, Vol.55, pp.95~123.

Ansell, Ben and David Samuels. 2010. "Inequality and Democratization: A Contractarian Approach." *Comparative Political Studies*, December, Vol.43(12), pp.1543~1574

Arnsperger, Christian and Yanis Varoufakis. 2003. "Toward a Theory of Solidarity." *Erkenntnis*, Vol.59, No.2, pp.157~188.

Banai, Hussein. 2013. "Rethinking Democracy Promotion in the New Middle East." *Security Dialogue*, Vol.44, No.5~6, pp.411~429.

Barrenechea, Rodrigo and Edward L. Gibson, and Larkin Terrie. 2016. *Historical Institutionalism and Democratization Studies*. in Orfeo Fioretos, et al.(ed.) *The Oxford Handbook of Historical Institutionalism*. Oxford University Press. pp.195~207.

Bell, Daniel A.(ed.). 2013. *The East Asian Challenge for Democracy: Political Meritocracy in Comparative Perspective*. Cambridge University Press.

Brazinsky and Gregg. 2007. *Nation building in South Korea: Koreans, Americans, and the making of a democracy*. Chapel Hill: University of North Carolina Press, pp.240~244.

Carapico, Sheila. 2002. "Foreign Aid for Promoting Democracy in the Arab World." *The Middle East Journal*, Vol.56, pp.379~395.

Cheng Tun-jen. 1989. "Democratizing the Quasi-Leninist Regime in Taiwan." *World Politics*, Vol.41, No.4, pp.471~499.

Colaresi, Michael and William R. Thompson. 2003. "The Economic Development-Democratization Relationship: Does the Outside World Matter?"

Comparative Political Studies, Vol.36, No.4, pp.381~403.

Collier, Ruth Berins and Collier, David. 1991. *Shaping the Political Arena*. Princeton: Princeton University Press.

Costigliola, Frank. 2010. "US foreign policy from Kennedy to Johnson." in Leffler and Westad(eds.). *The Cambridge History of the Cold War*. Cambridge University Press.

Cox, Michael and John Ikenberry and Takashi Inoguchi. 2010. *American Democracy Promotion*. Oxford University Press.

Dae-Han, Song & Christine Hong. 2014. TOWARD "THE DAY AFTER." *Critical Asian Studies*, Vol.46, No.1, pp.39~64, DOI: 10.1080/14672715.2014.863577

Diamond, Larry and Shin Gi-Wook . 2014. *New Challenges for Maturing Democracies in Korea and Taiwan*. Stanford University Press.

Doh Chull, Shin. 2012. *Confucianism and Democratization in East Asia*. Cambridge University Press.

Dore, Giovanna Maria Dora and Jae H. Ku and Karl D. Jackson. 2014. *Incomplete Democracies in the Asia-Pacific: Evidence from Indonesia, Korea, the Philippines, and Thailand*. Palgrave Macmillan.

Dunne, George H. 1970. *SJ's introduction to Church Communication Development: A SODEPAX Report*. Geneva: SODEPAX.

Dunning, Thad. 2004. "Conditioning the Effects of Aid: Cold War Politics, Donor Credibility, and Democracy in Africa." *International Organization*, Vol.58, No.2, pp.409~423

Gleditsch, Kristian Skrede and Michael D. Ward. 2013. "Diffusion and the International Context of Democratization." *International Organization*, Vol.60, pp.911~933.

Goderis, Benedikt and Mila Versteeg. 2013. "Transnational Constitutionalism: A Conceptual Framework." in Denis J. Galligan, Mila Versteeg(ed.). *Social and Political Foundations of Constitutions.* Cambridge University Press.

Grugel, Jean. 2007. "Democratization and Ideational Diffusion: Europe, Mercosur and Social Citizenship." *Journal of Common Market Studies*, Vol.45, No.1, pp.43~68.

Grugel, Jean(ed.). 2012. *Democratization Vol. 4: The Global Politics and the Globalization of Democratization*. LA: Sage Publication.

Houle, Christian. 2016. "Inequality, Economic Development, and Democratization."

Studies in Comparative International Development, Vol.51(4), pp.503~529

Huber, Daniela. 2015. *Democracy Promtion and Foreign Policy: Identity and Interests in US, EU and Non-Western Democracies.* Palgrave macmillan, pp.51~52.

Huntington, Samuel P. 1991. "Democracy's Third Wave." *Journal of Democracy*, Vol.2, No.2, pp.12~34.

Keck, Markaret E. and Kathryn Sikkink. 1998. *Activists beyond Borders: Advocacy Networks in International Politics.* Cornell University Press.

Kennedy, Duncan. 2006. "Three Globalizations of Law and Legal Thought: 1850~2000." in David M. Trubek and Alvaro Santos(ed.). *The Law and Economic Development: A Critical Appraisal.* Cambridge University Press.

Lee, Misook. 2014. "South Korea's Democratization Movement of the 1970s and 80s and Communicative Interaction in Transnational Ecumenical Networks." *International Journal of Korean History*, Vol.19, No.2, pp.241~270

Smith, Tony. 2012. *America's Mission: the United States and the Worldwide Struggle for Democracy.* N.J.: Princeton University Press.

Thomann, Lars. 2012. *Steps to Compliance with International Labour Standards The International Labour Organization.* ILO.

Valdez, Sarah. 2011. "Subsidizing the Cost of Collective Action: International Organizations and Protest among Polish Farmers during Democratic Transition." *Social Forces*, Vol.90, No.2, pp.475~495.

Zakaria, Fareed. 1997. "The Rise of Illiberal Democracy." *Foreign Affairs*, Vol.76, No6, pp.22~23.

WCC archive and literatures, 웹사이트

https://www.oikoumene.org/en

https://www.oikoumene.org/en/resources/documents

https://www.oikoumene.org/en/what-we-do/library-and-archives

3장

한국 노동운동의 국제 연대

민주화, 세계화, 그리고 집합기억과 연대성

권영숙(서울대학교 사회과학연구원)

1. 집합기억과 동아시아

한국에서는 아직 노동박물관이 개념조차 자리 잡지 못했지만, 노동운동의 역사가 오래된 서유럽의 도시들에서는 노동박물관이 흔하고, 라틴아메리카나 아시아의 여러 나라에서도 노동박물관은 그리 희귀한 장소는 아니다. 필자는 얼마 전 타이완에서 1980년대까지 중요한 공업도시였던 가오슝에 있는 노동박물관을 가본 적이 있다. 또한 태국의 방콕에도 노동박물관이 있는데, 이곳 태국의 노동박물관에서 흥미로운 점은 뜻밖에도 한국의 대표적인 운동가요 「임을 위한 행진곡」을 들을 수 있다는 것이다. 이 박물관의 여섯 개 방 가운데 한 곳은 영상과 함께 노동운동가 4곡을 연속적으로 틀어주는데, 그중 마지막 곡이 바로 한국의 노래 「임을 위한 행진곡」에 태국어 가사를 붙여 만든 번안곡 「Solidarity(연대)」이다.

단지 태국만이 아니다. 아시아 각국에서 「임을 위한 행진곡」은 이미 오래전부터 유명하다. 태국 노동박물관에서도 「임을 위한 행진곡」의 원곡 가사를 영어 자막으로 소개하면서 한국 노동자들의 시위 장면과 함께 원곡이 흘러나오고, 곧이어 타이완 버전과 홍콩 버전, 마지막으로 태국어로 된 노래가 연주된다. 1980년 광주민중항쟁을 배경으로 가사를 쓴 이 곡은 1980년대에 전개된 반독재 민주화운동에서부터 현재 21세기에 이르기까지 한국의 거의 모든 집회 등의 민중 의례에서 「애국가」처럼 불린다. 그런데 이 노래가 「연대」라는 의미심장한 제목으로 번안되어 태국의 노동박물관에서 흘러나오고 있는 것이다.[1]

또한 「임을 위한 행진곡」은 태국뿐 아니라 타이완, 홍콩 등의 시위 현장, 중국의 '농민공'(농촌 출신의 도시 이주 노동자들)의 파업에서도 목청껏 불린다. 필리핀의 빈민촌 철거 반대 투쟁에서도 이 노래가 울려 퍼지며, 캄보디아 무토지 농민들의 집단 시위에서도 불려진다.[2] 이 정도라면 「임을 위한 행진곡」을 가히 아시아의 '민중가요'라고 칭할 만하다.

「임을 위한 행진곡」은 국제 연대운동의 대표적인 '상징적 레퍼투아

---

1   전제성, 「한국 시민사회의 동아시아 연대운동」, ≪참여연대≫(2006), http://blog.daum.
net/peoplepower21/9425550(검색일: 2018.3.1).

2   2012년 캄보디아 농민들의 토지 분쟁 시위 도중 15명이 체포·구금됐고, 여성 농민이 대
부분인 그들을 석방시키기 위해 '15인을 석방하라(free the 15)'라는 이름으로 장거리
시위가 29일간 펼쳐진다. 어린아이부터 노인까지 남녀노소 마을 주민들이 모여 참여하
는 이른바 자유의 꽃(flowers of freedom) 행진이 진행되는 가운데 「임을 위한 행진곡」
의 단조 선율이 울려 퍼진다. 유튜브 동영상 참조. http://www.youtube.com/watch?v=
oGhN89hNpkc

르repertoire'라고 규정할 수 있다. 사회운동론에서는 집합 행위들을 역사적으로 축적되고 사회적으로 공유된, 집합적인 결과물의 목록, 즉 일종의 '레퍼투아르'라고 본다. 필자는 집합행위뿐 아니라, 운동과 시위를 표현한 상징화나 수행(퍼포먼스) 등도 사회운동의 레퍼투아르일 수 있다고 보고, 이를 '상징적 레퍼투아르'라는 명칭으로 개념화하려고 한다.[3]

그렇다면 「임을 위한 행진곡」은 어떻게 아시아 내에서 빠르게 전파되어 문화적으로 공유되면서 아시아 지역 연대운동의 '상징적인 레퍼투아르'가 되었을까? 「임을 위한 행진곡」이 아시아 전 지역으로 '전파'되고 각 나라의 사정에 맞게 번안되어, 함께 부르는 노래, 지역적인 운동가로 정

---

3 사회운동론은 사회운동에서의 집합행위를 3인 이상의 행위자들이 현실의 문제에 대한 지각과 진단에 기초해 감행하는 합리적이고 준비된 행위로 본다는 점에서 '군중'과 구분한다. 그런 관점에서 보면 집합행위들은 단지 한순간의 충동적인 사건이 아니라, 역사적으로 축적되고 사회적으로 공유된 집합적인 결과물의 목록, 즉 일종의 '레퍼투아르'라고 할 수 있다. 이 개념이 내포하는 바는, 사회운동은 역사적으로 단절되고 사회적으로 고립된 것이 아니며, 집합행위와 조직 형태의 선택 역시 이미 주어진 여러 집합행위와 조직적 레퍼투아르들을 의식하고 학습하고 선택한다는 것이다. 여기서 '모방'과 '전파'는 매우 중요한 기제로 작동한다. 국제 연대의 경우는 특히 그러하다. 이 글은 집합적 레퍼투아르가 단지 집합행위나 조직적인 선택지뿐 아니라, 운동과 시위에 대한 상징화나 수행(퍼포먼스)등의 선택에서도 작동한다고 보고 이를 '상징적 레퍼투아르'로 개념화했다. 상징적 레퍼투아르의 형성에는 집합적 기억(colletive memory)과 '집합적 수행성(collective performance)'이 밀접하게 연결된다. 「임을 위한 행진곡」을 아시아 민중이 국경을 넘어서 함께 부르는 집단적인 퍼포먼스는 어떻게 일국의 운동 경험이 지역적·지구적인 집합적 기억으로 자리 잡는지를 보여준다. 이는 한국의 사회운동에 대한 관심을 넘어서 국제 연대의 초기적인 모습이라고 할 수 있다. 사회운동론에서 '레퍼투아르' 개념에 대해서는 ≪사회와 역사≫(구 한국사회사학회논문집), 115권(2017)에 실린 필자의 「민주화이행이후 한국 노동운동의 역사적 전환과 시기구분, 1987~2006」 참조. 상징의 힘에 대해서는 쿠비크(Kubik, 1994) 참조.

착된 것은 상징적 레퍼투아르를 통한 '연대'운동의 대표적인 예라고 할 수 있다. 아시아에서 국제 연대는 이러한 이미지, 상징, 에피소드들(사건들)의 전파와 모방, 그것의 재현 과정으로부터 시작했던 것이다.

'연대'라는 제목으로 동아시아 전역에서 불리는 「임을 위한 행진곡」은 제목 그대로 한국 사회운동의 국제 연대 가능성과 지반, 그리고 현재를 조망해볼 수 있는 하나의 거울 사례이다. 이 사례는 사회운동에서 전파와 모방이 어떻게 이뤄지는지를 잘 보여준다. 그리고 국제 연대를 추동하는 동력과 토양이 어떻게 만들어지는지에 대해 단초를 제공해주고 있다. 그렇다면 국제 연대는 왜, 그리고 어떻게 출현하고 어떻게 진행되며 어떻게 새롭게 변화하는가?

그러나 지금까지 사회운동의 국제 연대에 대한 연구는 역사적·경험적 성과도 일천할 뿐만 아니라 대체로 당위론적 규범적 언술과 묘사적인 서술을 벗어나지 못하고 있다. 여기서는 국제 연대에 대한 기존의 당위론적·규범적 접근 혹은 묘사적인 서술을 벗어나서 첫째, 국제 연대에 대한 다양한 문헌들을 통해 이론적 개념적 검토를 시도할 것이다. 그리고 둘째, 한국의 민주화 과정 속에서 노동운동의 국제 연대는 어떻게 시작했으며 어떤 조건들에 의해 어떻게 변화했는지 역사적으로 조망하고자 한다.

이를 위해 먼저 국제 연대 개념에 관한 정의의 문제를 다룰 것이다. 이어 국제 연대에 대한 이론적인 검토를 위해 한편으로 사회운동론의 전 지구적 시각을 소개하고 다른 한편으로 세계체제론과 국제 정치경제학의 비판적 시각을 통해서 국제 연대의 이론화를 시도하고자 한다. 특히 국제 연대international solidarity와 국제 관계international relations를 구별하고, 그러면서도 국제 연대운동을 국가 관계, 국제기구도 포함된 다양한 행위자들이 존재하는 '복수의 조직적인 장'을 통해서 바라볼 것이다. 이어 한국 노동운동의 국제 연대에 가장 큰 영향을 미친 양대 기제는 민주화와 세계화라는 정치경제적인 '전환'이라는 핵심 논지를 제기할 것이다. 요약하면, 민주화 이전과 이후의 정치적 환경은 한국 노동운동의 국제 연대에서 일종의 '정치적 기회구조'로 작동했으며, 세계화는 노동운동의 국내외 연대의 필요성을 증폭시킨 중요한 계기였다. 이에 따라 이 장에서는 한국 노동운동의 국제 연대를 1987년 민주화 이전, 민주화 이행 이후, 1997년 이후부터 2000년대까지의 3단계로 구분하여, 한국 노동운동의 국제 연대가 변화해온 역사적 양상을 간단히 다룰 것이다.

2. '동아시아는 없다', 그러나 국제 연대는 가능하다

국제 연대의 경계선은 어떻게 결정되는가? 국제 연대에서 핵심적인 근거는 바로 지역성locality 혹은 지역적인 동일성을 매개로 한 범지역적 정체성regional identity일 것이다. 그렇다면 예컨대 동아시아에는 공간적 (지역적) 범위를 아우르는 강렬한 범지역적 정체성이 있는가? 이에 대한 대답은 대체로 회의적이다.

대부분의 연대의식에는 함께 겪어온 역사적 실천 경험에 대한 기억이 자리 잡고 있다. 특히 비슷한 경험을 겪거나 상호 이해함으로써 가지게 되는 강렬한 공감과 공분이야말로 동포 의식 혹은 연대의식을 형성하는 핵심적인 물적 요소인 것이다. 국제 연대 역시 다르지 않다. 공유하는 역사적인 경험, 그것들에 대한 집합기억의 형성, 그 과정에서 진하게 배어 나오는 동질적인 경험에 대한 공감과 공동 목표에 대한 분노 등이 국제적인 연대의식 형성에서 가장 중요한 단초이다.

하지만 동아시아에는 이렇듯 강렬한 공동체 의식을 가질 만한 공통의 역사적인 경험이 빈약하다. 혹은 비슷한 경험을 했으되 동아시아 국가들의 민중 사이에 연대 의식은 약하고 오히려 역사적인 갈등이 누적돼 있다. 나아가 이와 같은 지역 내 갈등이나 긴장을 해소하거나 극복하기 위한 초국가적 지역 연합에 대한 상상과 논의도 빈약한 편이다. 즉 아시아 국가들 간에는 17세기 이후 서유럽을 풍미했던 유럽공동체주의, 나아가 노동자국제주의를 시도했던 것과 같은 정치적 담론과 실험에 대한 기억이 깊게 자리 잡고 있지 못하다.

서유럽의 경우에는 국민국가 형성 이전부터 혈연적인 왕가 혹은 로마 제국 등으로 묶여 있었다. 그리고 자본주의의 발전과 함께 중앙집권적 근대 국민국가로의 분리 독립이 영토 전쟁을 통해 폭력적으로 달성되는 과정에서도 유럽의 통치자들은 지속적으로 '유럽은 하나'라는 상像을 가지고 이를 초국가연합으로 묶으려는 구상을 시도했다. 또한 사회운동과 저항 엘리트들 역시 마찬가지였는데, 공화주의자들은 종국에는 단일한 지역공동체를 건설하겠다는, 즉 유럽공동체주의를 향한 정치적 실험을 제안하고 모색했다. 또한 좌파 사회주의자들도 근대 자본주의 질서에 맞선 혁명적 노동자 국제주의를 제1차 인터내셔널부터 제2차 인터내셔널과 제3차 인터내셔널(코민테른)을 통해 실천했다.

하지만 아시아와 동아시아의 경우에는 이와 같은 정치적 공통 지반이 역사적으로 약하고, 정치적 공동체주의를 향한 실험도 거의 부재하다.[4] 동아시아 국가의 민중에게는 오히려 서로에 대한 부정적인 기억들이 더 많다. 심지어 통치자들이 시도했던 아시아라는 정치적 공동체의 실험은 아시아에 대한 부정적인 역사적 기억에 중요한 계기 혹은 질곡으로 작동하고 있다. 예를 들어 중국은 '중화' 사상이라는 이름으로 아시아 내에서 공고한 조공 체계를 유지한 나라다. 이런 중국의 대아시아 자세와 '중화' 사상, 중국을 중심으로 한 변방 아시아들의 모습은, 이후 근대 국민국가 형성 과정에서 철저히 해체되어 재구성되지 못한 채 봉합되었고, 중화 중심적 과거사 청산이라는 과제가 미완으로 남아서 동아시아 국가 간의 국제 관계와 인민들 간의 관계에 그림자를 드리우고 있다.

또한 일본은 한국과 타이완, 아시아 여러 나라를 침탈하고 장기간 식민지로 지배했다. 일본이 구상했던 이른바 '대동아공영권'은 서유럽의 유럽공동체주의와 달리 전일적인 식민지 지배를 위해 "아시아는 하나"

---

4 아시아 지역에서 동아시아의 초국가적 연합 구상이나 공동체 구상이 아예 없었던 것은 아니다. 일제강점기에 이토 히로부미(伊藤博文)를 암살하고 사형당한 안중근 의사는 '동아시아 평화회의'를 주창하고 동아시아의 공동 은행과 공동 화폐를 주장했다. 또한 아웅산(Bogyoke Aung San), 호찌민(Ho Chi Minh), 수카르노(Achmed Sukarno) 등 아시아 각국의 통치자들 역시 아시아의 초국가 연합 형성을 제각기 제안한 바 있다. 물론 이런 제안들이 이후 ASEAN 발족에 영향을 끼쳤다고 볼 수 있겠지만, 이 정치 지도자들이 자국의 '국민국가' 건설에 동아시아라는 공동체성을 정당성의 전거 혹은 정치적 동원의 요소로 활용한 측면이 있다고 할 수 있다.

라는 제국주의 선동을 위한 이데올로기로서의 성격이 더 강했다. 아시아 지역 국가를 병탄하는 폭력적인 방식의, 아시아 결속을 향한 일본의 시도는 지금도 여전히 아시아 각국에 '청산되지 못한 과거사'로서 현재성을 가진다.

이런 가운데 일제의 식민지 체제가 종결되고 곧 미국 헤게모니하의 냉전 체제 질서가 들어섰다. '팍스 아메리카나Pax Americana'라는 전후 미국이 주도하는 체제하에서 동아시아는 미국을 중심으로 한 지역적 국제 노동 분업 구조 속에서 소비에트와 중국 공산 체제에 맞선 지정학적 안보의 축으로 자리 잡았다. 특히 일본, 한국, 타이완 등은 서로가 지역적 상호 협업 파트너라기보다는 미국 주도의 국제분업 질서 속에서 동아시아 하청 기지로 자리 잡았다. 이에 따라 3개국은 각자 자신들이 미국에 의해 선택받는 하위 파트너라고 여기며, 다른 2개국을 경쟁 상대로 생각했다. 이는 미국의 주된 하위 파트너로 일본이 선택되자 그다음 하청 기지 자리를 두고 다시 한국과 타이완의 경쟁으로 이어졌다. 이런 세계체제의 국제분업의 연쇄 속에서 한국은 주변부에서 반주변부로 도약했고, 타이완도 미국·일본의 생산 하청 기지로 아시아 국제 노동분업 구조의 한 귀퉁이를 차지하게 되었다. 하지만 이는 동아시아에서 또 다른 긴장을 초래하기 시작했다. 예를 들어 냉전 체제 아래 국제 분업 질서의 사슬에서 소외되고, 상품과 자본시장의 착취 대상이 된 다른 아시아 국가들에 한국은 '아류 제국주의'의 모습으로 다가가기도 한다(Evans, 1987; Cumings, 1987).

결국 국민국가들의 연합과 전 지구적 위계에 기초한 냉전 체제는 동아시아에 독특한 지정학적 질서를 만들어냈다. 미국의 헤게모니는 다른 지역보다 아시아에서 강했고, 동아시아적 공동체성은 미국의 필요에 의한 안보질서의 구축이나 경제 질서에 의해서만 확인될 수 있는, 보조적인 장치였다. 그렇게 동아시아 국가들 간에는 연대와 공동체의 기억은 허약하고, 냉전 체제에서의 경쟁과 분업의 기억이 이전의 역사적인 기억을 대신해 자리 잡게 되었다. 그리고 다른 아시아 국가들, 인도네시아, 필리핀 등의 사정도 크게 다르지 않았다. 아시아 국가들은 근대 진입의 문턱에서 상호 평등의 기초 아래 호의적인 '연대'를 구축하거나, 유럽의 베스트팔렌 조약 같은 국제조약을 만들어 일종의 '아시아 공동체'를 만드는 등의 이상을 실현하지는 못했다. 이 국가들은 아시아에 짙게 드리운 중국과 일본의 '제국의 그림자'를 안은 채 미국에 의해 분할되었고, 미국이 강력한 헤게모니를 펼치는 전후 시기에 동아시아 냉전 체제로 편입되었다.

그러므로 동아시아에는 '동아시아'가 없다. 그리고 있다고 하더라도 그것은 일본의 '대동아공영권'이라는 제국주의 지배 전략과 담론을 주로 연상시킨다. 따라서 어휘에서 부정적인 어원이 먼저 묻어날 수밖에 없는 것이다. 한편으로 식민지 지배와 그에 대한 역사적 기억과 유산, 다른 한편으로 미국 주도의 냉전 질서 속에서 동아시아 국가들은 '동아시아'를 사유하거나, 공동체적 프로젝트를 시도하기 어려웠고 '상상으로서의 아시아'조차 상상하지 못했다.

하지만 여기서 의도치 않은 결과가 배태된다. 냉전 체제가 획정해놓은 동아시아라는 '지역적 구획'은 역설적으로 '동아시아란 과연 무엇인가', 과연 어디까지가 동아시아인가라는 질문을 하게 만든다. 또한 그러한 질문은 이 지역에서 지역성이나 '연대'는 무엇인가, 나아가 이 지역에서 '노동운동의 국제 연대international solidarity는 가능한가라는 고민을 하게 하는 출발점이 되었다. 왜냐하면 냉전 체제 질서하의 동아시아라는 지역적 배열line-up이 곧 동아시아라는 것을 상정하고 구성하기 시작했기 때문이다.

그리고 그 구성은 첫째 온갖 긍정적·부정적 기억으로 점철된 식민지 유제, 둘째, 미국 주도의 국제 경제 분업 질서하의 동아시아적 산업화나 발전국가의 모델, 마지막으로 동아시아 안보국가의 형성에 기초하면서 또한 역으로 그렇게 형성된 질서를 비판적으로 문제 삼는 과정으로 진화되었다.

즉 냉전 체제를 만든 역사적·정치경제학적·지정학적 배경은 다시 '동아시아는 무엇인가' 혹은 '동아시아는 있는가'라는 질문을 역으로 던지게 하는 매개 상수가 되었다. 그 매개 상수 뒤에는 미국 혹은 미국이 주도하는 냉전 체제가 있다.

그러므로 동아시아에는 지역의 역사가 있다. 즉 식민지-제국주의 역사를 공유한 공통의 지역사가 있다. 일본 대 나머지 아시아(동아시아)라는 경험은 상호 동질성의 바탕이 되었고, 반면 일본과의 관계에서 보였던 역사적인 차이들은 상호 이질성의 토양이 되었다. 이어 미국 주도의 전후 냉전 질서하에서 하나의 경제-안보 축으로 묶인 지역적 연계가 강력히 작동하기 시작했다. 냉전 질서하에서 미국이라는 '신제국주의'와의 관계 경험이 가져다준 상호 이질성과 동질성이 그렇게 또 하나의 기제로 자리 잡았다.

결국 동아시아의 지역성이라는 것은 혹은 지역적 동질성(정체성)이라는 것은, 동아시아 지역 질서가 재편되는 과정에서 빚어진 지역의 역사성에 기반을 두고 있다. 그 점에서 이 역사성은 문화적이라기보다는 세계 체제적이고, 국제 정치경제학적이다. 하지만 그에 맞선 민중의 아시아 기억은 '상징적 레퍼투아르'라는 개념이 말해주듯이, 상징적이고 문화적이며 정치적이다.

다른 측면에서 동아시아를 문제화하는 것은, 바로 동아시아를 발견·발명하고 구상하고 질서화한 미국 주도의 냉전 체제에 대해 비판적으로 사고하고, 냉전 이후 동아시아의 모습을 상상하는 것이다. 이것은 그렇게 상상된 공동체는 무엇인가, 과연 가능하긴 한 것인가, 왜 그것이어야 하는가라는 문제의식으로 이어진다. 이런 비판적 질문을 통해 관계 맺기를 추동하는 여러 물질성이 포착되고 드러나기 시작한다. 세계 체제적이고 국제 정치경제학적인 역사성이 빚어낸 지역 질서에 의문을 품고 문제 삼는 과정으로 진화한다. 그 과정에서 상징적 레퍼투아르 등 문화정치적인 모방은 그 자체로 지역적 국제 연대 운동이 되었다.

이는 주로 동아시아 각국의 국민적 국가의 경계를 넘어 전파되기 시작한 어떤 정치적 사건들(주로 비극적인 사건이나 영웅적인 투쟁), 운동에 대한 소문, 에피소드, 그에 대한 공감과 분노 등이 바탕이 되어 촉발된다. 이는 이어 사회운동들이 연대의 메시지를 보내고, 항의 행동을 하는, 즉 아래로부터의 연대라는 양상으로 나타났다.

먼저 역사적 사건을 살펴보자. 냉전 질서하에 하나같이 자리 잡았던 정치체제, 즉 미국의 묵인과 지원으로 등장했던 아시아 권위주의 정치체제에 대항한 각국의 민주화 사건들이 있다. 한국의 경우 1980년에 일어난 광주 학살과 광주민중항쟁, 1987년의 6월 민주화항쟁이 있으며, 타이완의 경우는 장제스가 이끄는 국민당이 정부를 수립한 후 발생한 '2·28 사건', 일본의 경우는 1970년대 안보투쟁과 '전공투(전학공투회의)' 등이 있다. 그것들은 한편으로 비극적인 사건들이지만, 다른 한편으로는 인근 국가 민중의 영웅적인 투쟁으로 기억 속에 각인되었다. 또 노동운동의 경우 한국의 1987년 노동자대투쟁은 전태일 분신 사건과 더불어 동아시아 인민과 노동자가 공유하고 기억하며, 각성하는 데 촉매제가 된 사건이었다.

그리고 이러한 역사적 사건들은 어떤 이미지, 어떤 인상을 환기하고, 그 이미지들은 다시 각각 자국의 기억들과 접합되고 해석되면서 확대된다. 역사적 사건들과 이미지는 전파되고 기억으로 축적되면서 '하위문화'의 일부로 '침투'한다. 그것은 아시아 지역의 동질성을 확인하는 과정이다. 운동의 레퍼투아르와 동원 방식, 시위와 구호도 수출되고 전파된다.

이 가운데 태국의 노동박물관에서 울려 퍼졌던 「임을 위한 행진곡」처럼, 어떤 것들은 매우 강렬한 문화적 전파력을 담고 있다. 한국 노동자들의 파업 투쟁은 전투성으로 강렬한 인상을 남기면서, 일본이나 타이완·필리핀 등의 노동자들이 찬탄하며 배우고 싶어 했다. 한국어로 된 투쟁 구호가 아시아 국가들의 노동자 집회 현수막에 등장하고, 한국 노동자들이 입는 이른바 '파업 조끼'를 선물로 받아 돌려 입거나 그들 스스로 제작해 입는다. 이것 자체가 운동의 국제적인 측면이다. 운동의 레퍼투아르는 문화적으로 공유되고 역사적으로 축적되는 집합행동의 다양한 자산을 뜻하는 말인데, 국제 연대도 사실은 이런 것들로부터 시작한다. 이것이 국제 연대의 단초이자 원형질의 모습이다.

결론적으로 상상적 구성체로서의 동아시아와 전후 냉전 체제라는 조건하에서 노동운동을 비롯한 민주화운동은 아시아 다른 나라 운동의 상징과 집합행동의 기억들이 국경을 넘어 문화적으로 공유하고 역사적으로 축적하는 방식을 통해, 즉 '상징적 레퍼투아르'를 형성하면서 아래로부터의 국제 연대의 기반을 구축했다. 즉 이것이 아래로부터의 국제 연대의 모습이자 출발점이다.

3. 국제 연대의 개념과 경계 설정

1) 국제 관계와 국제 연대의 모호한 경계선

국제 연대 International Solidarity는 학문적인 정의가 필요한, 매우 모호한 개념이기도 하다. 개념적으로도 국제 연대와 국제 교류, 국제 협력은 명확한 구분 없이 사용되고 있다. 사회운동 행위자들도 교류, 협력, 연대를 혼용해 사용한다. 또한 지원, 원조, 연대도 분명히 구별·정립된 개념들이 아니다. 이런 개념적인 미분화가 바로 국제 연대가 처한 현실의 혼탁하고 경계가 모호한 지점들을 보여준다. 또한 국제 연대라고 했을 때, 그 행위의 주체가 때로는 사회운동 조직 SMOs(Social Movement Organizations)

이기도 하고, 비정부 기구NGOs(Non-Government Organizations)이기도 하고, 심지어 국가 간 관계(국제 관계, International Relations, IR)에 대해서도 연대라는 표현을 사용함으로 국가도 국제 연대 행위자로 등장한다.

따라서 국제 연대를 바라보는 문헌 리뷰를 통해 이론적인 시각을 검토하고 기본 개념들을 정리할 필요가 있다. 국제 연대를 다루기 위해서는 우선 국제 연대를 정확히 정의하고 그 경계 설정을 명확히 할 필요가 있다. 다음에서는 분석 대상으로서 국제 연대에 대한 개념적 정의와 국제 연대의 영역(필드)의 성격에 대해 간단히 이론적인 검토를 하기로 한다.

2) 분석 대상으로서 국제 연대

사회운동의 국제 연대를 분석하기 위해서는 먼저 분석 대상에 대해 정확한 정의를 내리고 나아가 혼동하기 쉬운 개념들의 관계를 정립할 필요가 있다. 하지만 여기서는 국제 연대 및 운동과 국가 간의 국제 관계는 애초부터 완전히 독립적으로 존재하지 않는다는 사실을 먼저 강조하고자 한다.

사실 국가 간의 관계 혹은 지정학적인 정치는 국가기구들만의 교류로 유지되지 않는다. 그것은 다양한 민간 에이전시를 포괄하거나 활용하며 그 에이전시에는 사적 경제 행위자뿐 아니라 흔히 비정부 기구로 불리는 다양한 시민·사회 단체들과 사회운동 조직들까지 포괄한다. 사회운동들이 국가로부터 독립적이고 자율적인 행위자일 것이라는 것은 선험적인 가정일 뿐, 현실에서 사회운동은 '비정부 기구NGOs'와도 경계가 유동적이며, 국가 간의 대외 협력이나 외교 관계와도 완전히 절연하거나 무관할 수 없다. 이에 따라 때로 사회운동과 비정부 기구들은 국가 간의 국제 교류에 편승하거나 상호 협조하며, 국제 관계의 일부가 되기도 한다.

그러므로 국제 연대를 국제 관계로부터, 즉 국가 간 관계로부터 명료하게 분석적으로 분리해내는 것은 쉽지 않으며, 처음부터 국제 연대와 국가 간의 관계는 완전히 독립적으로 정립돼 있지 않다. 한마디로 '경계boundary' 설정의 딜레마가 있다. 따라서 양자를 선험적으로 독립적인 영역으로 전제하기보다는 국제 연대 연구에서 중요한 것은 그들의 다양한 관계망들을 어떻게 분석하고 이해할 것인가이다.

두 번째로 냉전 체제 해체 후 탈냉전 체제로 접어들고 세계화가 진행되면서, 국가의 역할은 갈수록 축소 혹은 수정되고, 이에 따라 국제기구들의 역할이 강화되면서 국제 연대와 국가 간 교류의 혼용 현상이 더욱 심화되고 있다.

세계화의 확산과 기존의 주권국가 역할의 축소 혹은 성격의 변화는 국가단위의 사회운동들 간의 국제 교류와 연대 활동에 지대한 영향을 미치고, 국제 연대의 양상 자체를 바꿔놓기도 한다. 세계화, 특히 신자유주의적 세계화는 국가기구가 아닌 '초국적 자본'의 규범을 각 국가에 강제해 국내법보다 상위에 위치하도록 국제 협약들이 맺어지도록 하는 데 주요한 요인으로 작용했다. 또한 초국적 국가기구들은 국가기구를 대신하거나, 지역 및 국가적인 사회운동 혹은 비정부 기구들과 직접적인 채널을 형성하기도 한다.

다른 한편으로 국가 단위의 사회운동 조직들과 행위자들이 국가의 역할을 대체 혹은 대행하기도 하고, 국가기구들 GOs를 경유하지 않고 국제기구들 IGOs과 직접 관계를 맺는 경우도 늘어나고 있다. 환경운동, 여성운동, 인권운동에서는 이미 그런 현상이 노골적이며, 국내 사회운동 조직 혹은 비정부 기구들이 국제기구에서 소속 국가와 별개로 독자적인 '멤버십'을 가지고 활동하기도 한다. 이는 결국 국제 연대의 행위자는 누구인가라는 행위 주체 agency의 문제를 제기한다.

3) '복수의 조직적인 장'으로서의 국제 연대

경계 설정과 행위 주체의 문제는 특히 국제 연대의 분석에서 중요한 쟁점이며, 또한 그 자체로 중요한 분석 층위이기도 하다. 하지만 이에 대한 개념화나 이론적 검토는 매우 부족한 편이다. 여기에서는 사회운동론에서 '복수의 조직적인 장multi-organizational field'을 유용한 개념적 수단toolkit으로 소개하고자 한다. 국제연대운동의 장field은 그야말로 다양하고 이질적인 복수의 행위자들이 서로 교통하고 길항하고 중첩되는 '복수의 조직적인 장'이라고 할 수 있다.

국제 연대운동은 국가 간의 경계를 넘어 다양한 행위자, 말하자면 적과 동맹, 그리고 구경꾼과 방관자들이 존재하는 일종의 '복수의 조직적인 장'에서 전개된다.[5] 이 조직적인 장에는 국제 사회운동 조직들ISMOs과 국내 사회운동 조직, 다양한 비정부조직NGO, 그리고 국제 비정부조직INGO과 국제기구IO 등 다양한 이질적인 조직들과 그들의 관계망들이 펼쳐진다. 그리고 이 이질적이고 다양한 복수의 행위자들은 갈등자, 주선자, 침투자, 연대자 등 다양한 역할을 통해 국제 연대의 조직적인 장 내에서 상호 관계를 맺는다. 특히 국제 연대운동에 참여하는 비정부 기구들 혹은 사회운동 조직들은 연대의 관계 유형에서 소극적인 후원자의 역할patronage, 주선꾼의 역할brokerage부터 시작해 적극적인 변호인의 역할advocacy을 할 수도 있고, 혹은 대등한 위치에서 '연대 네트워크solidarity network'를 구성할 수도 있다.

그렇기 때문에 NGO, SMO와 INGO 간의 연계는 운동 간 국제 연대 (나아가 세계시민사회의 형성)이라고 볼 수도 있지만, 국가 간 관계의 일부이기도 하다. 이렇듯 국제 연대는 국가 관계로부터 완전히 독립적인 '일종의 전 지구적인 진공' 상태에서 이뤄지는 것이 아니다. 연대와 개입, 운동과 포섭은 동전의 양면과 같은 것이며, 이는 국제 연대운동의 조직적인 장에서도 마찬가지다. 국제 연대이기도 하지만 국제적 개입이기도 한 국제 활동, 그리고 운동조직의 운동이기도 하지만 다른 한편으로는 체제적 포섭이기도 한 다양한 흐름이 공존하는 것이 국제 연대의 장소이자 역사라고 할 수 있다.

---

5 '복수의 조직적인 장(multi-organizational field)' 개념에 대해서는 에번스(Evans, 1997), 권영숙(2017) 참조.

4. 국제 연대에 대한 이론적 검토

1) 사회운동론: 전 지구적 시각

(1) '정치적 기회구조'로서 국제 연대

사회운동에서 전 지구적 요인의 비중은 갈수록 중요해지고 있다. 물론 여전히 국민국가가 사회운동의 활동 방식과 쟁점, 범위 등을 결정한다. 사회운동론에서는 사회운동을 둘러싼 한 국가의 거시정치적인 조건을 '정치적 기회구조political opportunity structure'라는 개념으로 이론화하고 있다.

정치적 기회구조는 "거시정치적 맥락에 연동되면서 정치체제의 성격에 따라 당대의 사회운동에게 허여되는 기회의 구조"라고 정의할 수 있다(권영숙, 2017). 정치적 기회구조는 사회운동을 둘러싼 정치적 환경이 사회운동의 중요한 '자원'이기도 하다는 것을 개념화한 것이다.

그리고 국가야말로 한 나라의 정치적 기회구조에서 기회와 억압을 동시에 배분할 수 있는 설계자이며, 사회운동과의 대응적 관계에서 가장 중요한 '행위자'라고 할 수 있다.[6] 우리는 한국의 민주화 이행 과정에서 국가의 '지배적인 전략'이 어떻게 사회운동의 등장을 촉진시켰고, 기존의 운동 지형을 재편하는 데 기여했는지 목도한 바 있다.

---

6 '정치적 기회구조'는 자원동원이론에서 사회운동의 성장과 동원에 가장 핵심 조건으로 간주된다. 이에 대해서는 Goldstone and Tilly(2001), 권영숙(2017) 참조.

권위주의 정치체제나 군부독재하에서 볼 수 있듯이 정치적 기회구조는 사회운동에 대해 가능한 범위와 행위를 허용facilitation하기도 하지만 '억압repression'의 양식을 포함하고 있다. 즉 정치적 기회구조는 기회와 억압의 양면성을 띠고 있는 것이다. 특히 권위주의 정치체제하의 정치적 기회구조는 평등하게 개방적이지 않고 닫힌 구조라고 할 수 있다. 하지만 억압이 반드시 사회운동의 약화를 가져오는 것은 아니다(Tilly, 2007). 억압은 사회운동들이 새로운 자원을 모색하고 찾아 나서게 만들기도 한다. 즉 억압은 기존의 제도화된 운동을 넘어서는 새로운 사회운동을 등장시키고, 그 운동들은 새로운 집합 행위 레퍼투아르를 만들고, 나아가 새로운 조직적 레퍼투아르를 구성하게 만든다. 또는 억압에 대응하고 생존을 유지하기 위해, 열악한 환경 속에서 운동의 자원을 창의적으로 동원하고 나아가 새로운 연대 자원을 발굴하는 것으로도 나타나기도 한다. 국제 연대는 바로 이 지점에서 정치적 기회구조의 일부로 출현하게 된다.

한국의 경우를 보면 권위주의 정치체제의 폐쇄된 정치적 기회구조하에서 사회운동들은 국가적·정치적 기회구조의 한계를 어떻게든 돌파하여 새로운 운동 자원을 '동원'하고 흡수하기 위해 국제주의에 오히려 의지했다. 이 경우에는 국내의 열악한 사회운동 조건이 운동의 국제주의의 토양으로 작용한 셈이다. 일제강점기 식민지 조선에서 국제주의가 강했던 이유도 이것 때문이라고 할 수 있다. 그리고 1950년대 후반, 본격적으로는 1960년대 반독재 민주화 시기 이후부터 이미 한국의 사회운동과 노동운동은 꽤 오랫동안 해외의 지원과 원조를 '연대' 운동의 일부로 꾸준히 받아들였다. 어떤 면에서는 국제적인 지원이 초기의 한국 시민사회운동의 등장을 가능하게 하고, 특정한 방향으로 주조했다. 특히 1970년대, 유신 체제에 맞선 민주화운동이 활발해지는 상황 속에서 정치적 기회구조로서의 국제 연대는 더욱 중요한 비중을 차지했다. 민주화 이행기 전후의 민주화 과정에서 국제 연대는 일종의 정치적 기회구조로 작용했다는 것이 이 글의 핵심 논지 중 하나다.

이는 로스먼과 올리버(Rothman and Oliver, 1999)의 개념인 '서식지 정치적 기회구조 nested political opportunity structure'와 일맥상통하기도 한다. 그들에 따르면 지역적인local 정치적 기회구조는 국가적인national 정치적 기회구조에 착근해embedded 있고, 국가적인 정치적 기회구조는 국제정치적 기회구조에 착근하게 된다. 결론적으로, 국제 연대는 지역적·국가적, 그리고 전 지구적인 정치적 기회구조들이 착근하여 서로 영향을 미치는 정치적 구조 속에서 이뤄진다. 그리고 국제 연대의 장소는 국가적·전 지구적인 공식 조직들과 사회운동 조직들을 포괄하는 복수의 조직적인 장에서 영향력을 추구하는 행위자들 간의 복합적인 관계 패턴이 새로이 등장하고 재편되는 영역이다.

2) 세계체제론과 국제 정치경제학: 비판적 시각

세계체제론에 따르면 세계 체제, 즉 전 지구적 위계는 중심과 주변부 국가들로 나뉘어 있고, 그들 사이의 경제적인 불평등과 초과 착취 구조 및 군사적 의존 관계는 식민지주의 이후 국제 경제정치 질서로서 내부화되고 제도화되었다.

이러한 전 지구적 위계의 핵심적인 자리에는 국제 경제·금융 기구들과 정치 기구들IGOs이 있다. 국제 경제 기구들의 경우 냉전 체제하에서는 GATT 체제로, 그 이후 탈냉전 세계화 국면에는 우루과이 라운드UR에서 시작하여 세계무역기구WTO 등으로, 재편되면서 이어져 왔다. 이런 과정을 거쳐 냉전 체제의 무역·자본 규약들이 세계화체제의 국제 규범과 기구들로 정비된 것이다.

또한 UN과 그 산하의 여러 국제 정치기구들은 각국들 사이의 국제적인 힘의 차이를 반영하여 구성되거나 운영되고 있다. 미국, 유럽연합, 일본, 캐나다 등이 이른바 '전 지구적 북반구Global North'를 구성하고 있다(Arrighi, 1999). 다른 한편으로는 제국주의의 식민지 지배가 끝난 후 탈식민지화하여 국민국가를 형성한 '제3세계' 국가들 역시 국제연합UN에 가입했는데, 이 과정을 통해서 제3세계국가들은 전후 지구적 위계질서와 국제 자본주의 분업 구조 안에 직접 편입되고, 이 속에서 중심부(전 지구적 북반부)와의 관계 속에서 각자의 위치가 정해졌다. 이들을 '전 지구적 남반부Global South'라고 부를 수 있을 것이다.

제2차 세계대전 후 냉전 체제에서 UN은 1국1표제의 주권을 인정함으로써 자유주의 정치 질서와 흡사한 등가성의 권력 구조를 만들어냈으나, 자세히 보면 유엔에서 핵심적인 의사 결정기구는 거대 강국들로 구성된 유엔 안전보장이사회이며, 유엔 총회는 때로는 거수기 역할을 한다는 비판을 받고 있다. 유엔 총회에서 1국1표 등가성의 원칙에도 불구하고 각국은 유엔 사무국과 산하 기구들에 얼마나 '분담금'을 내느냐에 따라 의

사 결정 구조에 미치는 나라의 힘이 결정된다. 결국 각국의 지위는 전 지구적 질서 내에서 '중심 - 주변'이라는 국가 간 위계를 반영하여 유엔 혹은 국제사회라는 공식적인 전 지구정치 안에서 매겨지는 것이다.

그러므로 특정 국가의 사회운동들의 위치와 '정치적 기회구조' 역시 세계 체제 안에서 그 국가가 차지하고 있는 위치에 영향을 받을 것이라고 우리는 자연스럽게 추론할 수밖에 없다. 세계 체제 안에서 한 국가의 위치는 이른바 '전 지구 사회운동' 혹은 '전 지구 시민사회' 안에서 그 국가의 지위를 반영해 사회운동(조직)의 지위로 나타나는 것이다.

이를 앞의 사회운동론의 시각에서는 좀 더 중립적이고 양면성을 드러내는 '서식지 정치적 기회구조nested political opportunity structure'로 개념화한 바 있다. 즉 '착근된(내재화된, embedded)' 정치적 기회구조라는 의미가 내포하듯이, 정치적 기회구조는 그 자체로 독자적이거나 고립적이지 않으며, 전체적인 정치적인 연쇄의 구조와 상호 밀접한 연관성을 가진다. 필자는 국가적national 정치적 기회구조와 지역적local 정치적 기회구조, 전 지구적global 정치적 기회구조를 동시적으로 그리고 하나의 연쇄적 '메커니즘'으로 개념화할 수 있다고 본다. 그리고 이러한 미시-거시의 복수의 층위에 국제 연대가 위치하는 것이다. 즉 국제 연대는 지역적-국가적-전 지구적인 차원에 모두 걸쳐 있으면서 다양한 관계 유형을 형성하게 된다. 한 국가의 지역적인 운동이 국제 연대를 통해서 전 지구적인 운동현상이 되기도 하고, 한 국가적 정치적 기회구조가 그 국가의 전지구 정치에서의 위치와 연동되면서, 그 나라 국제연대운동에 영향을 미치기도 한다.

한편 좀 더 급진적인 입장이라고 할 수 있는 '국제정치경제(비판)' 이론의 시각은 더욱 날카롭다. 이들은 1970년대 중반 이후 전 지구적 남반구를 휩쓴 이른바 3차 민주화 물결이야말로 세계 체계 차원에서의 포섭과 신자유주의적 경제 전환을 위한 정치적 이행 과정이라고 본다. 윌리엄 로빈슨(Robinson, 1996)은 1970년대 말 이후 미국이 제3세계에서 시도한 '민주주의 촉진 프로젝트democracy promotion project'를 '저강도 민주주의low intensity democracy'라고 규정한 바 있다. 이 규정은 미국이 1980년대까지 라틴아메리카와 아시아에서 군부독재와 권위주의 체제를 지지하면서, 권위주의 독재정권의 '추악한 전쟁'에 제공했던 정치적·군사적 지원과 국가 테러 사주 등을 일컫는 이른바 '저강도 전쟁'에 빗대어 표현한 것이다.

결국 '저강도 민주주의'란, 실질적인 사회적 민주화는 가로막으면서 선거 경쟁을 통한 정치권력의 안정적인 교체와 유지를 가능하게 하는 최소한의 정치적 민주주의, 즉 로버트 달Robert Dahl이 말하는 '과두제polyarchy'를 아시아, 남아메리카, 아프리카 등에서 도입하도록 촉진하고 지원한 것을 가리키는 개념이다. 미국이 1970년대, 1980년대 전반 군부권위주의 정권을 옹호하고 군대 훈련과 무기 등을 공급하는 저강도 전쟁 전략을 취한 것이 오히려 제3세계의 불안정화와 사회주의화를 확산시키자, 1980년대부터 미국은 제3세계 권위주의 정치체제를 폐기하고 '민주주의로의 레짐 체인지regime change'를 선호하는, 이른바 '민주주의 촉진democracy promotion 프로그램'을 국무부 주관으로 진행했다.

국제 정치경제학자들은 이에 대해서 서구 자유주의를 제3세계에 수출하고 이식함으로써, 서구 자유주의적 정치 질서를 전 지구적으로 달성하고, 이로써 대서양 동맹이 주도하는 자본주의가 헤게모니를 쥔 세계 체제를 공고히 하자는 프로젝트라고 지적한다(Robinson, 1996).

이런 시각에서 보면 1980년대 후반 동아시아에서 불었던 '민주화 물결'도 국제 정치경제학적인 질서 재구축 과정의 일부였다고 할 수 있다. 즉 정치적 자유화(민주화)는 경제적 (신)자유화를 위한 선행조건이었던 것이다. 필리핀의 1985년 피플즈 파워, 한국의 1987년 6월 민주항쟁, 타이완의 1987년 계엄령 해제가 민주화 '이행' 과정의 서막을 열었지만, 그 이후 이들 국가에서 경제적인 이행이 어김없이 '구조 조정의 정치'라는 이름으로 이뤄졌다는 사실을 주목할 필요가 있다. 한국의 경우 1997년 외환위기와 이후 IMF 구조 조정을 단행한 것이 바로 김대중 첫 민주 정부였다는 점도 주목할 만하다.

여하튼 국제질서 면에서 본다면 1970년대 중반부터 1980년대를 휩쓴 '제3차 민주화 물결'은 미국이 주도한 전 지구적 자본주의 헤게모니 질서의 재편 과정에 놓여 있었다. 그리고 국내적이든 국제적이든 간에 사회운동들은 이러한 미국 중심의 냉전 질서와 탈냉전 이후 미국 일극 헤게모니하에서 전 지구적으로 일어난 민주화 과정의 영향을 받았다.

그렇다면 이렇게 전 지구적인 정치적·경제적인 전환과 한국 등 동아시아까지 휩쓴 민주화 이행의 파고는 국제 연대를 어떻게 변화시켰으며, 그것을 새로운 모양으로 주조하는 데 어떤 방식으로 작동했을까? 분명한 것은 민주화 이행 과정을 거치면서 사회운동 조직들이 폭발적으로 늘어났다는 점이다. 그리고 새로이 출현한 사회운동 조직들 역시 전 지구적인 정치 과정과 국제기구들과의 관계망을 무시하기 어려웠다. 즉 민주화 이행 전후에 출현했던 사회운동 조직들은 처음부터 민주화 이행의 전 지구적인 맥락 속에서 등장했고, 자신들이 원하든, 원치 않든 간에 앞서 말한 전 지구적 지정학적·정치경제학적인 맥락 속에서 놓여 있었다.[7]

다른 한편으로 세계화에 대한 다양한 해석들은 국제 연대, 그리고 노동운동의 국제 연대를 둘러싼 해석과 실제 현실의 흐름과도 밀접하게 관련이 있으며, 국제 연대의 실천 양상에 영향을 미치는 거시 맥락으로 작동했다.

5. 노동운동 국제 연대의 지역적·전 지구적 조건: 민주화와 세계화

1) 노동자 연대의 고유성

민주화운동 간의 연대와 노동자운동 간의 연대는 과연 차이가 있는가? 냉전 질서하의 민주화운동 시기의 노동과 탈냉전 민주화 이후 노동은 국제 연대에서 다른 모습을 보이는가?

---

7 이는 이후 신자유주의적 세계화 속에서 한국 외환위기의 사례에서처럼 세계무역기금 (IMF) 등 국제금융기구의 구조 조정이 직접적으로 노동조합운동에 영향을 미치거나 사회운동의 어젠다에 크게 영향을 미치는 방식으로 나타나기도 했다. 혹은 여러 나라에서는 IMF 반대 폭동이 일어났고, 유럽에서는 WTO, IMF, 유럽중앙은행(ECB) 등 이른바 '트로이카'에 대한 반대 시위가 일어나는 등 다양한 반대 행동이 벌어지기도 했다.

노동운동, 노조운동의 국제 연대는 다른 사회운동 간의 국제 연대, 그리고 민주화운동 연대와는 다른 독자성을 가지고 있다고 간주된다. 칼 마르크스의 「공산당 선언」의 마지막에 선언적으로 담겨 있듯이, "만국의 프롤레타리아여, 단결하라!"는 기치에 따르는, 이른바 '노동자 국제주의'에 대한 문제의식이 바로 그것이다. 이에 대해 마르크스주의는 "노동계급에게 국경은 없다"는 언명으로 계급적 이해의 일국주의를 넘어선 국제주의적 동일성이라는 논점을 명확하게 제기한다. 노동자들의 계급적 이해는 국경을 초월한다. 맞다. 그런데 그것은 국경을 넘어서는 계급적인 이해의 분기를 의미하는 건 아닐까? 즉 자본의 운동에 따라 노동의 계급적 이해는 자본과 함께 국경을 넘어선다. 하지만 각국의 노동자들이 자신들의 계급적인 이해를 공통의 이해로 '지각'하고 서로 '공유'하고 실천하는 것은 별개의 문제다. 후자는 실천과 경험, 집합적인 기억과 연대의 다양한 조직화를 통해 달성되거나 미완에 머물기도 하는, 가능태로서의 과제인 것이다. 이 점에 대해서는 앞에서 집합적 레퍼투아르라는 개념을 통해 간단히 언급했다.

그러므로 여기서는 선험적인 노동자 국제주의를 전제하기보다는, 노동자들의 이해의 국제적인 연대의 가능성을 노동운동의 국제 연대라는 측면에서 간략히 살펴보고자 한다. 노동자들의 국경을 넘어선 이해관계는 결국 노동운동의 지역적regional·전 지구적인global, 즉 초국가적인 국제 연대를 통해 드러나고 구체화되고 축적될 것이다. 그러므로 앞에서 말한 동아시아 지역 연대regional solidarity를 비롯한 국제 연대의 계기점들, 그리고 전 지구적인 정치 과정의 변화가 냉전 민주화운동에서 탈냉전 민주화와 세계화로 이어지면서 생기는 변화들의 공통성과 이질성 이야말로 노동자 국제 연대운동의 중요한 토양이라고 할 수 있다.

2) 국제 연대의 전 지구적 지역적 맥락: 민주화와 세계화

여기서는 노동운동에서 전개된 국제 연대의 지역적regional·전 지구적 global 맥락에 대해서 살펴보기로 한다. 한국 노동운동의 전개에서 민주화와 세계화는 가장 중요한 전환점이었다. 그리고 이는 한국 노동운동의 국제 연대에서도 중요한 두 축이 되었다.

한국 노동운동은 냉전 체제 질서하에서는 반독재 민주화운동의 일부로 성장해왔다. 즉 민주화운동의 일부로서 자생적인 노조운동이 시작되었던 것이다. 따라서 한국에서 민주화운동이 전개된 국내정치적 맥락과 세계사적인 맥락은 그대로 한국 노동운동의 발전을 조건 짓는 거시적인 환경적인 기제가 되었다고 할 수 있다. 나아가 세계화 이후 변화하는 지역적·전 지구적인 질서 속에서 세계화에 응전하는 과정은 노동운동의 국제 연대 활동에 중요한 조건이 되었다.

요약하자면 노동운동이 냉전 체제 질서하에서 반독재 민주화운동의 일부로 성장해왔던 민주화의 맥락과, 세계화 이후 변화하는 지역적·전 지구적인 질서 속에서 세계화에 응전하는 과정은 노동운동의 국제 연대에서 가장 중요한 두 축이 되었다. 첫째, 민주화는 노동운동의 정치적 기회구조에 큰 영향을 주었다. 둘째, 신자유주의 세계화는 한국 노동운동에 큰 시련이자 도전적 과제였고, 이는 노동운동이 '정치적 기회구조'

로서의 국제 연대에 새롭게 접근하고, 새로운 방식으로 행동하게 만드는 전환기적 동력이 되었다.

다음에서 노동운동에서 전개된 국제 연대의 역사를 개괄하기 전에 여기서는 한국 노동운동의 상태에 영향을 지대하게 미친 민주화와 세계화의 거시 맥락을 간단히 기술하고자 한다.

1950년 한국전쟁 이후 냉전 체제하에서 한국 노동운동은 기본적으로 독자적인 계급운동이라기보다는 권위주의 정치체제에 대항하는 민주화운동의 일부로 여겨졌다. 노동자들은 조직적이지 못한, 산발적이고 '자연발생적인' 황견 파업wildcat strike 등으로 자신들의 계급적인 좌절과 근로 조건 개선 요구를 표출했다. 그리고 이런 자생적인 노동자들의 요구를 계급문제라기보다는 인권 문제로 보거나 반독재 민주화의 요구로 바라보는 시각이 지배적이었다.

이리하여 한국의 노조운동은 1970년대 '민주노조'로 등장했고 그렇게 이름 붙여졌다. 즉 노조들을 반군부독재 민주화운동의 일부로 간주한 것이다. 한국의 민주 노조들이 독자적인 계급운동으로서 문제의식과 정체성을 고민하기 시작한 것은 1980년대 전반 변혁운동기에 들어오면서였다.

이런 가운데 한국 노동운동에서 '첫 번째 전환'의 계기가 된 것은 바로 민주화 이행이다. 1987년 민주화 이행 이후 한국에서는 억눌린 요구 투쟁이 '노동자대투쟁'이라는 폭발적인 양상으로 터져 나오고, 1980년대 후반에 들어서자 대중적 민주노조운동이 시작되었다. 이렇게 국내의 노동조합운동이 민주화에 영향을 받으며 재편되면서 노동운동의 국제 연대에 완전히 새로운 맥락이 형성됐던 것이다.

태동 초기 민주화운동의 일부이자 주변부에 위치했던 민주노조운동은 1980년대 전반기에 변혁운동의 영향을 받으면서 점차 민주화운동으로부터 독자화되었고 이는 이전의 민주화운동의 국제 연대의 수혜자였던 노동운동의 국제 연대의 양상도 새롭게 변화시켰다. 역사적으로는 1987년 6월 항쟁 직후 '노동자대투쟁'이 터져 나왔고, 그 결실로서 대중적 노조운동이 태동하면서 노동운동의 '(주체) 에이전시'가 확립되고, 이런 주체의 형성 속에서 한국 노동운동은 주체적이고 자발적인 국제 연대를 모색하는 과정에 돌입했다.

둘째, 노동운동의 2차 전환의 계기는 1997년 이후 세계화였고, 이에 응전하는 가운데 한국 노동운동의 국제 연대는 본격적으로 확산되었다. 세계화로 인해 한국 노동운동은 자본의 무한 경쟁을 향한 초국적 자본의 흐름, 노동의 구조 조정을 동시화하는 전 지구적인 노동 규범에 그대로 노출되었다. 또 자본의 국경 없는 이동은 동아시아를 하나의 동일 경제권 지역 블록으로 만들면서, 세계화의 한편에서 지역화도 동시에 심화됐다.

1980년대 말부터 1990년대 초에 걸쳐 국내 자본의 과잉 축적이 심각한 문제가 되자, 국내 자본들은 해외 직접 투자에 집중하면서 초국적 자본의 대열에 급속히 접어들었다. 1980년대 말 이후 한국 자본의 해외 투자 증가율은 해마다 연평균 50%를 상회하는 비약적인 상승세를 보였다. 또한 노조의 설립과 임금 인상 투쟁으로 인건비에 부담을 느낀 자본은 폐업과 해외 특히 동남아시아로의 공장 이전으로 대응했다. 또한 이때 한국 내에 진출했던 해외 기업들의 탈주도 시작되었다.

한편 1993년 우루과이 라운드 무역협정에 한국이 가입하면서 시장 개방도 본격화되었고, 1995년 OECD 가입으로 한국은 완전에 가까운 자본 개방을 이뤘고 동시에 노동 부문에서의 구조 개혁 압박을 강력하게 요구받게 된다. 결국 노동의 반발에도 불구하고 1996년 「노동법」 날치기 통과로 노동 유연화를 위한 대량 정리 해고와 비정규직 도입을 입법화했다. 하지만 1997년 아시아 전역을 휩쓴 '외환위기'가 쓰나미처럼 한국을 덮쳤고, 당시 김대중 정부는 이를 오히려 기회로 삼아 IMF와 구조 조정 협약을 체결한 뒤 이후 5년여에 걸쳐 노동시장의 구조 조정 등을 밀어붙이기 위해서 '사회적 대화'의 정치로 노동시장 개혁을 마무리한다.

아시아 외환위기와 아시아를 덮친 신자유주의적 구조 조정 압력하에서 노동운동의 국제연대운동은 새로운 방향을 모색할 수밖에 없었다. 민주화 이행 이후 주체적인 국제 연대를 본격적으로 시작한 한국 노동운동은 신자유주의적 세계화라는 글로벌global하면서도 동시에 지역적 local인 환경의 변화 속에서 새로운 국제 연대를 모색하는 단계로 진입했다. 이렇게 민주화에 이어 세계화를 통해서 한국은 정치적 경제적 이행을 이루었고, 이는 노동운동과 노동운동의 국제 연대에도 가장 큰 영향을 미쳤다.

6. 한국 노동운동 국제 연대의 역사적 전개

여기서는 노동 운동의 국제 연대를 통사적으로 묘사하기보다 앞서의 이론적인 시각을 전제로 하여 한국 노동운동의 역사적 흐름을 간단히 살펴보고 시기별로 두드러진 국제 노동 연대의 특징을 파악하도록 할 것이다.

1980년대 민주화 파고 속에서 민주노조운동의 국제노동 연대는 본격화되었다. 냉전하의 미국 헤게모니가 권위주의 체제를 비호했던 1970년대의 긴 암흑기를 거치면서, 한국 민주화운동은 1980년대 후반 탈냉전 민주화 이행기로 서서히 진입했다. 이는 한국의 정치경제적인 체제가 민주화라는 이름의 정치적 자유화와 경제적 자유화가 함께 이루어지는 '이중 전환dual transformation'의 과정으로 진입했다는 의미이기도 하다. 사실 1970년대 후반 이후 '제3차 민주화 파고' 가운데 민주화 이행을 이룬 나라들을 보면, 경제적 자유화와 정치적 민주화는 시간상의 순서와 타이밍의 차이일 뿐, 이중의 전환으로 이어지면서 결국 민주화 이행 이후 국가 정치체제와 경제체제의 동시적인 재편을 가져왔다.[8] 그것은 정치적으로는 자유민주주의의 과정이었고, 경제적으로는 신자유주의적 세계화의 과정이었다. 그리고 이와 같은 정치경제적 이행은 민주화 이행에 발맞추어 대중 조직 운동으로 등장한 독립 노동운동(민주노조운동)의

---

8 이에 대해서는 권영숙(2017) 참조. 이중 전환과 유사하지만 약간 다른 결을 가진 개념으로는 '이중이행(double transition)'이 있다. Adler and Webster(1997) 참조.

국제 연대에 결정적인 환경적인 기제로 작용했다.

이런 거시 맥락의 변화 속에서 한국 노동운동에서의 국제 연대의 변화는 대체적으로 3단계로 진화했다. 1987년 민주화 이행 이전, 1987년 민주화 이행 이후 노동운동의 국제 연대, 1997년 이후부터 좀 더 본격적으로는 2000년대 이후 한국 노동운동의 국제 연대의 양상이 단계적으로 구분된다.

여기서는 한국 노동운동의 국제 연대를 3가지 단계에 따라 전개 과정을 간략히 서술할 것이다.

1) 민주화 이행 이전(1987년까지): 위로부터의 지원과 노동운동의 독자화

1960년대 말, 1970년대의 초기 민주화운동은 엄혹한 정치적인 조건에서 시작되었다. 1950년 한국전쟁 이후 짧은 자유주의 정부 시절을 거쳐서 박정희 등 군부 세력의 쿠데타로 군부독재 정권이 집권했다. 이 가운데 태동한 초기 민주화운동은 처음에 서울 등 대도시의 지식인, 전문직 등을 중심으로 한 자유주의(민주주의)적 반독재운동으로 시작했고, 엄혹한 탄압 속에서 가톨릭과 개신교 등 교회를 피난처 혹은 연대처로 삼았다.

1970년대 한국 교회에서는 '에큐메니컬 원탁회의'라는 비공식적인 명칭 아래 기독교 내 개혁적인 인사들의 네트워크가 형성되었고, 이들은 점차 국내의 제한된 운동과 연대 자원을 의식해, 해외 교회 조직에 원조나 연대를 요청했다. 1972년 유신헌법 개정으로 박정희 대통령의 장기

집권 체제가 들어서자 세계교회협의회WCC(World Council of Churches)와 가톨릭계는 박 정권에 대해 서서히 비판적인 입장을 취했고 반정부 민주주의자들과 자유주의 정치인들에 대한 본격적인 지원을 논의하고 진행한 것도 이때부터였다. 한국의 '재야'(제도정치권 외부)로 통칭되는 민주화운동이 해외의 민주화 지원과 지지 네트워크와 본격적으로 연결된 것도 1960년대 말, 1970년대 초였다.

이는 사회운동론에서 국내 정치적 기회구조의 한계를 돌파하고 새로운 동원 자원을 확보하기 위해 정치적 기회구조로 국제 연대를 활용한 것이라고 해석할 수 있다. 산발적인 항의 행동 외에는 할 수 있는 것이 없던 권위주의 체제하에서 외부의 후원과 지원을 통해 사회운동의 자원을 빌리는 방식이다. 당연히 외부 연대 세력과의 연대 관계 유형은 후원patronage, 주선brokerage, 소극적인 변호advocacy의 유형에 해당한다.

노동계를 보자면, 1950년대 말과 1960년대까지 세계교회협의회는 국내의 보수적인 기독교와도 친밀한 관계를 맺었고, 유일 관변 노동조직인 한국노총과도 일정한 관계를 유지했다. 그러나 유신독재 체제가 들어서면서 비판적인 자세로 좀 더 돌아선 WCC는 한국노총과 서서히 거리를 두기 시작했다. 무엇보다도 이들은 '도시 산업 선교' 활동을 서울 영등포 등 수도권 공단 지역을 중심으로 시작하는 데 자원을 지원하기 시작했다. 사실 도시 산업 선교 활동의 중심축이었던 아시아기독교연합CCA(Christian Conference of Asia) 산하 도시농어촌선교협의회URM(Urban Rural Mission)의 발족 연도는 1958년이다. 노동자 선교는 1958년 도시농어촌선교협의회의 발족 이후 처음 시작되었는데, 시작 당시에는 명칭도 '산업 전도'였고 이후 '산업 선교'라는 이름으로 바뀌었으며, 점차 그 성격이 노동인권, 노동 교육 등으로 변화했던 것이다. 이는 유신헌법의 개정에 대한 우려도 있었겠지만, 1970년 전태일의 분신으로 한국의 노동 현장에 대한 국제적인 관심이 고양되는 것과 맞물린 것이기도 했다.

이에 대해 영등포 산업선교회 활동을 해왔던 장창원 목사는 "독일 교회와 가톨릭 등 세계 기독교 세력이 모은 해외 선교 자금 중 아시아에 할당한 지원금의 70~80%가 한국의 노동자 조직화에 지원됐다"라고 밝히고 있다.[9] 또한 독일 에버트 재단이나 스웨덴 등 서유럽의 대한국 노동운동 지원들도 지속적으로 유입됐다. 서구에서 한국으로 유입된 민주화 지원 기금 중 상당수는 노동자 선교와 조직 사업에 투입되었을 것이다. 또한 이때 미국의 조지 오글 목사, 헨리 존스 목사 등이 내한해 도시 선교, 산업 선교 활동을 하기 시작했다. 한국기독교연합회 산하에 산업전도위원회를 설치하는 한편, 한국기독교학생회 출신들이 교회 야학을 만들고 노동자 교육을 통해 노조 결성과 파업을 지원했다. 이 모든 활동들 중에서 대표적인 것이 '도산'이라는 이름으로 정권에 의해 박해를 받기도 한 영등포 도시산업선교회(산선)였다. 영등포 '산선'이 조직한 노동자 수가 4만 명에 이르렀다는 기록도 있다(구해근, 2002; 장숙경, 2013; 임송자, 2010).

전 세계 교회의 입장에서 왜 한국의 노동자에 대한 산업 선교 혹은 조직화가 아시아 지역에서 그렇게 중요했을까는 흥미로운 의문이지만, 이는

---

9   장창원 목사 인터뷰(2017년 12월 5일, 서울).

이후의 연구 질문으로 남겨두기로 하고, 여하튼 1980년 이전까지 한국 노동자들에 대한 국제적 지원, 원조, 연대는 주로 개신교와 가톨릭 등 교회 조직들이 큰 역할을 맡았다. 그리고 1970년대 말까지 한국에 대한 해외 기독교 가톨릭 등의 지원은 노조들과 노동단체들에 집중되었다. 하지만 기독교와 가톨릭이 주축이 된 한국 노동운동과의 연대는 수평적인 연대라기보다는 수직적인 위로부터의 연대, 즉 '지원' 혹은 '원조'에 가까웠다. 교회는 노동자들의 투쟁이나 파업을 권위주의 정권하에서의 '인권 문제'로 인식했으며, 이를 위해 국제적인 지원과 지지를 조직했다.

하지만 이는 동시에 노조운동을 가톨릭이나 기독교 등이 부여하는 프레임의 한계, 즉 노동 문제를 인권 문제로 한정시키는 자기 한계로 나타났다. '민주노조'라는 말자체가 이런 과정의 소산이라고 할 수 있다.

이 점에서 냉전 후에 유럽으로부터 제3세계 각국으로 유입된 개발 지원과 인권 기금 등의 지원이 당시 동서 진영의 대립 속에서 반혁명·반소비에트 헤게모니 전략의 일부이기도 했다는 점은 새겨봐야 할 점이다 (나카키타 고지, 2016). 한국에서도 민주화 이행 전인 1970년대 이 무렵에 미국과 유럽의 '경제원조'와 '운동 자원 원조'가 동시에 병렬적으로 진행되었다는 점이 흥미롭다. 둘 다 원조라는 점에서 동일하다. 그리고 둘 다 '위로부터의 지원'이라는 점에서 수평적인 '국제 연대'와 구별된다. 냉전 체제하에서 미국 주도의 제3세계 내부 헤게모니라는 국제 관계의 정치와 노동운동 및 민주화운동에 대한 해외의 위로부터의 국제 연대가 묘하게 병렬적으로 교차했다. 이는 한국 역시 마찬가지였다.

그렇다면 아래로부터의 국제 연대는 없었을까? 1970년 발생한 노동자 전태일의 분신은 국제 연대에서 중요한 계기이자 대사건이었다. 전태일의 분신은 국경을 넘어 전 세계로 점차 알려졌으며, 특히 아시아에서 전태일의 분신은 강력한 이미지를 심어주며 일종의 상징적 레퍼투아르로 자리 잡았다.

필자가 2016년 진행했던 타이완과 일본 등지의 사회운동가들과의 인터뷰에서 이들은 한국의 노동자 전태일의 분신이 자신의 사회운동 투신과 국제 연대 경험에서 가장 큰 영향력을 미친 중요한 사건이라고 이구동성으로 증언했다. 전태일의 분신은 "60년대 노동자 투쟁의 격변을 지나 경제성장기로 들어서는 일본 노동운동에 큰 자극과 충격을 주었다"[10]고 한다. 일본에서 1970년대에 대학을 다닌 한 운동가는 전태일의 분신을 이렇게 표현했다. 1981년에 대학에 입학한 또 다른 운동가는 광주학살을 자신의 운동 인생에 가장 큰 영향을 미친 대사건이라고 말했다.[11]

하지만 이는 한국에서도 마찬가지였다. 1980년 광주항쟁과 광주학살, 그리고 박정희에 이어 2차 군부 쿠데타로 집권한 전두환 정권하의 유사 군부독재 체제는 한국의 민주화운동의 급진적인 변화로 이어졌다.

---

10 일본 도로지바 노조 대외협력위원회 인터뷰(2017년 11월 2일, 도쿄).

11 미·일 제국주의의 아시아 침략과 지배에 반대하는 아시아공동행동(AWC)의 활동가 사코다 히데후미(迫田英文) 인터뷰 "안재성이 만난 사람들: 혈채(血債)를 갚다, 사코다 히데후미", 월간 ≪시대≫, 10월 호(2017) 참조. "대학에 갓 입학한 1981년 봄이었다. 어느 날 학교에 가보니 수백 명이 모여 집회를 하며 구호를 외치고 있었다. 광주학살에 항의하는 집회였다. 일본인 학생들이 주도하는 집회였는데 한국의 민주주의운동을 지지하고 전두환 정권을 규탄하는 한편, 일본 감방에 수용되어 있던 구마모토 출신의 재일 동포 인권운동가 이철의 석방을 요구했다."

이 시기는 식민지 해방 이후 처음으로 겪는 자생적인 '변혁운동'의 시기였다. 전두환 정권은 「국가보안법」과 「집회시위법」, 독소적인 「노동법」을 악용하면서 급진적인 반체제운동과 노동운동에 대해 극단적으로 탄압했다. 이런 가운데 1980년 광주항쟁을 목도한 한국의 사회운동은 더욱 급진적인 성격을 띠기 시작했다. 학생, 청년운동 내부에서는 마르크스·레닌주의를 본격적으로 학습하면서 노동계급이 중심이 되는 사회주의 변혁을 이루자는 기조가 등장하고 확산되었다. 학생들은 '노학연대'라는 새로운 연대 운동을 시작했고, 그들 수천 명이 공장에 위장 취업했다. 민주노조운동도 조직적으로 활발해졌고, 무엇보다도 노동자 대중들 사이에서 '선진 노동자들'이 성장하기 시작하고 그들 스스로 계급적 노조운동을 자각하기 시작했다.

이 같은 변화는 노동계급에 대한 국제연대운동에도 영향을 미쳤다. 노동 현장에서 인권과 산업선교를 중심축으로 두고 교육 조직 활동을 했던 개신교 등 교회 세력의 영향력이 점차 줄어들기 시작했다. 기존에 해외로부터의 종속적 지원을 통해 노동운동을 외곽 지원해왔던 종교계의 '민주화-노동운동 연계 세력들'은 1980년대 전반기에는 주로 '재야인사'와 소통하거나 김대중 등 자유주의 정치인들과 관계를 맺으며 활동하는 방식으로 변모해갔다. 한마디로 1980년대 전반기는 국제연대운동보다는 국내의 계급투쟁이 전면화된 시기였다.[12]

---

12 물론 이 시기에 서유럽과 미국, 일본 등과의 네트워크는 열려 있었을 것으로 짐작된다. 김대중 납치 사건이 일어났을 때 미국의 개신교 활동가들이 재빨리 구명 활동에 나섰고, 1980년에 광주민주항쟁이 일어났을 때도 그 소식을 국내보다 먼저 접했다. 그들의

2) 민주화 이행 이후 국제 연대(1987~1997): 독자적·도구적·탈냉전 국제 연대

1970년대 말부터 전 세계를 휩쓴 민주화 물결은 필리핀의 '피플즈 파워'에 의한 정권 교체를 거쳐 한국에 상륙했고, 1987년 '6월 민주항쟁'이 일어났다. 한국의 민주항쟁은 당시 동아시아를 비롯한 전 세계 '민주화 물결'의 일부였지만, 그 과정을 통해 타국의 민주화 이행 방식의 전파와 공유, 타국의 운동 경험에 대한 관심과 공명도 증폭되었다. 이것이 국제 연대의 중요한 자원인 것은 두말할 필요가 없으며, 이 시기에 노동운동을 비롯한 한국 사회운동의 국제 연대도 본격화될 조건을 확보했다.

6월 민주항쟁에 이어 7월부터 '노동자대투쟁'이 장장 3개월에 걸쳐 펼쳐졌고 그 기간에 2500개의 민주노조가 만들어지면서, 국가로부터 독립적이고 자주적인 대중 노조운동의 시대가 열렸다. 이는 1990년 1월 22일 전국노조협의회(전노협), 1993년 전국노조대표자회의(전노대), 마지막으로 1995년 11월 11일 내셔널 센터인 전국민주노조총연맹(민주노총) 결성이라는 조직적인 결과로 이어졌다.

주목할 점은 전노협부터 민주노총까지 모든 민주노조운동의 노동조직들은 발족하자마자 한결같이 국제 노조 단체 가입을 적극적으로 모색했다는 것이다. 이는 상당히 이례적인데, 왜냐하면 전노협이나 민주노

일부가 쿠데타, 광주민주항쟁과 학살 소식을 국외에 전했고, 이후 그 소식이 다시 국내로 전해졌다. 일본으로부터의 'T. J. 통신'이 ≪세카이(世界)≫에 실렸는데, 이는 1980년대 초 국내에서 신뢰할 수 있는 거의 유일한 매체였다.

총은 "노동해방"을 기치로 나온 독립노조운동이고, 특히 전노협의 경우 좌파 노동운동까지 포괄하고 있었기 때문이다. 반면 이들이 가입을 추진했던 국제자유노동조합연합(국제노련)은 제2차 세계대전 종결 후 동서 냉전 시대가 도래하자, 미국이 소비에트 주도의 세계노동조합연맹(세계 노련)에 맞서기 위해 우파 노조 정상 조직들을 중심으로 급조한 단체였다. 그러나 전노협은 발족 후부터 이 단체에 가입하고자 시도했지만 한국노총의 반대로 불발이 됐다.[13] 그리고 민주노총은 발족하자마자 곧바로 국제노련에 한국노총과 나란히 동시 가입했다.

사실, 이것이야말로 이행 이후 지금까지 한국 노동운동의 국제 연대의 탈이념적이고 도구적인 성격을 상징적으로 드러내는 것이다. 이에 대해 민주노총 활동가는 민주화 이행 이후에도 계속된 노동운동 탄압, 특히 민주노조에 대한 노조 불법화 탄압에 맞서기 위해서 국제적인 노동조직 가입과 멤버십 획득으로 조직의 보호를 꾀하고, 나아가 국제적인 지원과 엄호를 호소하려는 목적이 가장 컸다고 증언했다.[14] 또 민주노총에서 오랫동안 국제 협력 업무를 맡아온 류미경 국제국장의 다음 발언은 민주노총의 공식적인 입장으로 인용할 만하다.

창립 당시 민주노총은 국제 연대 활동 방침을 "① 국제자유노련에 가입해 적극 활동한다. ② 각국 민주노조 단체와의 쌍무적 연대협력관계를 발

---

13 전노협의 가입 문제는 한국노총의 반대와 정부의 전노협 탄압 과정에서 흐지부지되었고, 1993년 전노협이 해체되면서 불발되었다.

14 허영구(당시 민주노총준비위원회 집행위원장) 인터뷰(2017년 12월, 서울).

전시킨다. ③ 노조 상층 간의 교류가 아니라 현장중심의 교류활동을 강조한다. ④ 진보적 노조운동과의 연대관계를 강화한다. ⑤ 저개발국 노조운동에 대한 지원활동을 강화한다. ⑥ 외국에 진출한 한국 기업의 인권유린과 노조탄압에 대해 적극적으로 대응한다. ⑦ 국내 이주 노동자들이 국내 노동자와 동등한 인권과 노동기본권을 보장받을 수 있도록 적극 대응한다" 등으로 설정했다. 전국노동조합협의회(전노협), 전국업종노동조합회의(업종회의) 결성과 함께 민주노조 운동은 국내의 억압적 노사관계를 극복하는 주요한 투쟁전술 중 하나로 국제 연대 활동을 채택했다. 국제노동기구(ILO) 총회 및 각종 국제노동조직의 회의에 참석해 한국의 억압적 노사관계를 폭로했고, 대내적으로는 ILO 국제노동기준을 비준시키기 위한 활동을 전개했다(류미경, 2013).

즉 민주노총이 국제 연대와 교류에 임하는 입장은 "국내의 억압적 노사 관계를 극복하는 주요한 투쟁 전술 중 하나로 국제 연대 활동을 채택"한다는 것이었다. 이에 따라 '국제노동기구ILO 총회 및 각종 국제 노동조직의 회의에 참석해 한국의 억압적 노사 관계를 폭로'하고, '대내적으로는 ILO 국제노동 기준을 비준시키기 위한 활동'을 전개했다.

하지만 민주화 이행 이후로도 한참 동안, 한국 노동운동은 국제 연대를 일종의 정치적 기회구조로 활용하고자 했다. 한마디로 민주노조운동이 국제 연대를 보는 시각은 기본적으로 도구적이고 상황적이었으며, 나아가 탈이념적이라고 할 수 있다. 물론 이는 당시 운동의 정치적 기회구조가 노동에 대해서 여전히 배제적이고 차별적이었다는 사실과 맞물려 이해할 수 있는 전략이다. 즉 민주화 이행 이후에도 노동자 운동에 대해 여전히 억압적이고 배제적인 정치적 기회구조하에서 신생 민주노조운동은 국내적인 정치적 기회구조의 한계를 돌파하기 위해 국제적인 지원과 운동 자원을 흡수하려는 도구주의적인 모습을 보였다. 그리하여 민주화 이행 이전에 해외의 정치적 기회구조가 국내 운동의 동원 정치를 위한 주요한 자원으로 역할을 했듯이, 정치적 기회구조가 이행기에 바로 개방되지 않았던 노동운동의 국제 연대 활동에서 그런 경향을 상당히 오랫동안 유지했다.

그러므로 한국 노동운동이 국제 연대에서 보여준 도구주의적 탈이념적·탈냉전적 성격은 6월 항쟁과 노동자대투쟁을 거친 한국의 '민주화 이행'이 여전히 노동 배제적인 민주화였다는 점, 시민운동 등 다른 사회운동에는 정치적 기회구조가 열려 있었으나 노조에는 여전히 '닫힌 정치적 기회구조'였다는 점 등 정치적 기회구조의 성격과 더불어 고려되어야 한다. 하지만 동시에 이는 국가에 자주적인 독립 노조이긴 했으나 이념성을 가급적 배제한 '민주노조'로 자신의 정체성을 정립한 민주노조운동 자체의 성격과도 관련이 있을 것으로 보인다.

한편 1980년대 말의 호황기 속에서 대공장 중공업 금속 노조를 중심으로 강력한 민주노조 투쟁이 전개되었지만, 1970년대에 전성기를 누린 노동 집약적이고 여성 노동자 중심의 섬유·전자와 경공업, 중소기업 업종은 불황과 폐업 및 해외 이전 러시가 이어지면서 과거와는 다른 새로운 노동자 투쟁이 등장했다. 이들은 새로운 국제 연대를 추구했는데, 그것은 바로 아래로부터의 해외 원정 투쟁이었다.

1970년대 외국 자본 직접 유치를 통한 성장 정책과 「수출자유지역설치법」을 근거로 마산·익산 등 수출자유지역에 입주한 해외 투자 자본들은 한국 정부의 파격적인 특혜성 지원, 기업의 노동 탄압에 대한 비호, 저임금 장시간 노동 체제에 기대서 성장해왔다. 하지만 1987년 이후 노조 민주화 바람을 타고 이 해외 투자 공장들에서도 노동자 투쟁이 터져 나오기 시작했다. 이에 민주노조의 결성으로 저임금과 고강도 노동을 통해 기존의 초과이윤을 더 이상 누릴 수 없게 되자, 해외 투자 자본은 더 값싼 노동력과 무노조 지대인 아시아 지역, 제3세계로 공장을 이전하고자 자본을 탈주했으며, 혹은 국내 공장의 감원이나 외주 확대 등을 실시했다. 이 과정에서 해외 투자 기업의 철수 저지를 위한 노동자 투쟁을 전개하는 개별 사업장들이 우후죽순 늘어났다.

급기야 1989년 4월 대표적 외자 기업인 수미다, 아세아 스와니를 비롯해 도쿄전자, 피코, 지멘스, US마그네틱, 알리코, TC전자, 톰버스전자, 금산전자, 슈어프로덕츠 등의 노조들은 '외국 기업 부당 철수 저지 및 노조 탄압 분쇄 공동투쟁위원회'를 결정해 공동 투쟁을 시작했다. 그들은 해외여행 자유화 조치가 시작된 1989년부터 해외 본사를 찾아가 시위하는 해외 원정 투쟁을 감행했다.

이것이 바로 노동자 '해외 원정 투쟁'의 시작이었다. 특히 일본 원정 투쟁은 한일 노동자 연대에서 새로운 계기가 되었다. 민주노총 등 내셔널 센터의 조직적이고 공식적인 위로부터의 교류보다 개별 사업장 단위의 노동자들에 의해 아래로부터 투쟁을 통한 연대가 시작되었다. 해외 원정 투쟁은 이후 노동자 국제 연대의 중요한 집합행위 레퍼투아르로 자리 잡았다.

한편 한국 기업의 해외 진출도 동아시아 중심으로 활발히 이루어졌다. 동아시아로 진출하거나 국내 공장을 폐업한 뒤 이주한 한국 기업들의 인권 유린과 아동 노동 착취 등의 문제가 심각해지면서 노조 아닌 사회운동 단체들도 동아시아 노동자들의 현실에 대해 관심을 기울이기 시작했다. 1995년 참여연대는 '해외 진출 기업문제 특별위원회'를 구성해 동남아시아와 중국에 진출한 한인 기업들의 노동자 인권 침해 사례를 조사했는데, 이는 사회운동 진영에서 처음 시작된 노동 연대 활동이었다. 또 1990년대 초기부터 교회를 중심으로 외국이주노동자대책협의회가 활동했고, '아시아태평양노동자연대 한국위원회'가 구성돼 '제3세계 노동연대'를 지향하며 지속적으로 활동했다.

이 시기의 국제 연대의 최종적 성과이자 다음 시기를 열어젖힌 상징적인 사건은 1996년에 일어난 민주노총의 「노동법」 개악 저지 총파업이라고 할 수 있다. 김영삼 정부가 '노사관계 개선' 명분으로 신자유주의적 노동시장 개혁을 단행하려고 1996년 12월 26일 「노동법」을 「안기부법」과 함께 날치기로 통과시켰다. 이에 맞서 민주노총은 총파업을 단행했다. 민주노총은 개악된 「노동법」에 들어 있는 파견근로, 아웃소싱, 정리해고 도입 등을 근거로 삼아, 국제적으로 노동자 총파업을 반신자유주의 투쟁으로 홍보하고 해외의 국제 연대를 적극적으로 호소하며 조직했다. 민주노총이 국제 연대를 능동적으로 조직하려는 시도는 당시 각국의 노조들의 지원 메시지 쇄도와 국내 방문 지지 릴레이 등 반응을 일으키며 꽤 성공적이었다. 이는 민주노총 스스로가 국제 연대를 능동적으로 조직화해 성과를 거둔 첫 시도였으며 이후에 민주노총이 추진하는 국제 연대의 원형이 되었다.

3) 신자유주의 반대와 범아시아연대 (1997년 이후)

1997년 이후 노동운동을 둘러싼 국제 연대의 맥락은 기본적으로 심화되는 신자유주의 세계화의 흐름에 맞서 대항하는 데 집중했다. 1997년 아시아 외환위기라는 충격파 속에서 김대중 대통령의 자유주의 정부는 노동의 강력한 저항을 사실상 무장해제 시킨 가운데 신자유주의적 노동시장 구조 조정을 일사천리로 진행했다. 이는 IMF 구조개혁 협약의 핵심이기도 했다.

결국 날치기 「노동법」 철폐 총파업을 거치면서 1997년 3월 개정된 「노동법」은 비정규직 도입을 2년간 유예하긴 했으나, 그해 후반 닥친 외환위기 앞에서 민주노총은 정리 해고와 비정규직 유예 조항을 푸는 '노사정협약'에 서명했다. 이후 입법화 직전에 민주노총 대의원대회가 이를 부결하는 등 번복했지만 속수무책이었고, 노동시장 구조 조정과 「정리해고법」은 곧 시행되기 시작했다.

신자유주의 저지에 실패한 이후 민주노총은 전국농민회총연맹(전농) 등 민중운동 조직과 함께 계속 밀고 들어오는 시장 개방, 자본 개방, 구조 조정 등 신자유주의 세계화를 향한 시도에 맞서 반신자유주의·반세계화를 위해 공동 행동을 조직하는 데 총력을 기울였다. 민주노총은 이를 2000년대 후반부터 "신자유주의적 세계화에 대항하는 노동자 국제 연대 전선을 구축한다"라고 표현하고 있다(류미경, 2013).

그 결과 1998년 8월 민주노총 등 국내 30개 단체가 조직한 '서울국제
민중회의'가 'IMF에 도전하는 민중'이라는 주제로 서울에서 5일간 개최
되었고, 1999년 5월에는 '국제민중행동의 날'을 공동 주최했다. 이를 계
기로 1999년 9월 '투자 협정, 밀레니엄 라운드 반대 민중행동'(이하 민중
행동)이 민주노총, 민교협, 민예총, 사회진보연대, 국제연대정책정보센
터 등 20개 단체가 참여해 결성되었다. 민중행동은 1999년 11월 시애틀
WTO 각료회의 저지 투쟁에 대표단을 파견해 전 세계 저지 투쟁과 연대
했다. 이후 민중행동은 곧바로 '투자 협정 WTO 반대 국민행동'으로 확
대·전환했는데, 여기에는 전농을 포함해 여성, 환경, 교육 인권까지 포
괄하는 50여 개 단체가 참여했다.

또한 민중행동은 1999년 11월 한일투자협정 논의가 한창 진행될 때
일본을 방문해 한일투자협정 반대 투쟁을 먼저 제안했고, 일본의 '일한
민중연대전국네트워크' 소속 단체들과 함께 '한일투자협정 No 긴급 캠
페인'이라는 한일 간 연대 조직을 결성해 지속적으로 공동 연대 투쟁을
전개했다. 이와 같은 국제 연대 시도는 일본에 영향을 주어 이후 ATTAC
Japan의 결성에 근거를 제공했다. 한일투자협정 반대 투쟁에서 한국 노
동운동이 중심이 되어 일본에서의 민중적 국제 연대를 주도적이고 적극
적으로 이끈 것은, 일본이 한국의 운동을 인권적으로 바라보면서 지원·
원조의 대상으로 간주하던 이전의 시각이 크게 변한 것이다.

또한 민주노총은 신자유주의에 맞서는 전략적인 단위로 '남반구노조
연대회의SIGTUR'에 집중했다. 남반구노조연대회의는 브라질의 노총

CUT, 남아프리카공화국의 노총COSATU이 주도하고 호주 등 여러 나라가 참관하는 회의였다. 한국의 민주노총KCTU은 1997년 4차 회의부터 참관인 자격으로 참석하다가 2001년 서울 6차 회의 때부터 주요 멤버로 참가하기 시작해 이후 브라질, 남아프리카공화국과 함께 주축 3개국을 형성했다.

하지만 2003년 이후, 노동운동의 국제 연대는 남반구노조연대회의에서 아시아 연대로 중심축이 조금씩 이동하기 시작했다. 그 계기는 2003년 민주노총의 제안으로 개최된 '아시아 지역 노동조합 연대회의'였다. 그해에 아시아 각국과 남반구노조연대회의 등 30여 명의 노조 지도자들이 모여 '아시아 지역 노동조합 연대회의'를 개최했다. 이후 민주노총은 동아시아 노동운동 및 노조 활동에 대한 지원과 한국 노동조합운동의 활동 소개 및 전파, 교육에 더욱 집중한다. 민주노총은 '아시아 노조 활동가 연례 연수 프로그램'을 시작해 2016년에는 8회를 맞았다.[15]

민주노총의 '남반구 노동 연대' 구상이 아시아로 점차 회귀한 이유는

---

15 "2000년대 후반부터는 '① 신자유주의적 세계화에 대항하는 노동자 국제 연대 전선을 구축한다. 이를 위한 유력한 공간으로 남반구노동조합연대회의를 주목하며 이를 내용적으로 강화한다. ② 진보적인 노동조합 블록을 강화해 국제자유노련, 경제협력개발기구(OECD) 노동조합자문위원회(TUAC)를 비롯한 국제노동조직에서 민주노총의 영향력을 확대하고 반신자유주의 정책의 관철을 위해 노력한다. ③ 아시아 지역 노동조합 연대의 중요성을 특별히 강조해 지역 내 민주적 노동조합들 간의 상호 연계와 연대, 교류활동을 강화하고 장기적으로 반신자유주의 아시아 노동조합 행동 네트워크 건설의 토대를 구축한다. 이 과정에서 민주노총의 주도적 역할을 강화한다. ④ 세계사회포럼, 세계사회운동네트워크 등 반세계화 국제 사회운동 세력과의 연대를 강화한다. 이 과정에서 노동조합의 주도적 역할을 강화한다' 등으로 과제를 확대했다"(류미경, 2013).

그동안 남반구노조연대회의를 중심으로 한 국제연대운동의 성과가 진척되지 못하고 답보한 데다 아시아에서의 노동 연대의 필요성이 점증했기 때문으로 보인다. 먼저 초기 남반구노조연대회의의 실천의 한계가 노정되었다. 1960년대 비동맹 외교를 이어가는 노동조합 간의 '전 지구적 남반부' 연대 기구로 확대하기 위해 꼭 필요했던, 대표적인 국가들의 노조 정상조직들의 가입 확대 조직화가 더 이상 이어지지 못했던 것이다. 결국 브라질, 남아프리카 공화국, 대한민국 등 세 국가가 연례행사처럼 돌아가면서 국제회의를 개최하고 서로의 정보를 공유하는 것 이상으로 발전하지 못했다. 그리고 더 큰 문제는 남반구노조연대가 회합이나 교류 이상의 실천적인 결합이나 반신자유주의 공동 행동으로 나아지지 못했다는 점이다.

노동자 국제 연대는 오히려 아시아 지역에서 새로운 면모를 드러내고 있었다. 아시아권 노동자들은 노동자 국제주의에 입각해 민주화 이후 불평등 문제나 신자유주의에 따른 세계화 등에 공동 대응하는 등 의미 있는 움직임을 전개하기 시작했다. 앞서 말한 아시아권 노동자 파업에 대한 지원, 아동 근로에 대한 문제 제기, 아시아 지역에 진출한 한국 기업의 노동 문제에 대한 항의 행동 조직 등이 그 대표적 사례라고 할 수 있다.

둘째, 민주노총 중앙 조직뿐 아니라 단위 노조와 연맹들의 차원에서도 동아시아 노동 연대는 다양하게 이뤄지고 있었다. 국제 연대의 양상이 단지 일국 대 일국, 중앙 대 중앙이 아니라 로컬과 산별, 지역들로 파상형으로 분포돼 있음을 알 수 있다. 한마디로 지역적local·국가적 national·

범지역적regional·전 지구적global 층위로 펼쳐진 복수의 조직적인 장인 것이다. 대표적으로 2003년 구미 한국합섬과 인도네시아 수라바야 SBR Serike Buruh Regional 노조가 국가적 수준보다 낮은 지역적local 차원의 노동자 국제 연대를 위한 결연식을 가졌고, 이후 SBR 노조는 한국합섬 파업 투쟁에 다양하게 연대했다.[16]

다른 흥미로운 사례로는 대구 성서공단과 히로시마 연대유니온 간의 지역 층위의 교류이다. 양자가 모두 산별 조직이 아니라, 1인 노동자들도 가입할 수 있는 지역 일반 노조라는 공통점 아래, 지속적으로 연대했다. 그 외에 민주노총 서울 본부와 도로지바 노조(동력차노조-지바), 민주노총 공공운수연맹과 일본 JR철도 총련, 민주노총 전북지역 본부와 일본 나카마 지역 유니온이 지속적으로 교류했다. 또한 한국노총 금속연맹과 일본 금속노련의 교류도 확인된다.

하지만 한일 노조 교류가 상대적으로 지속적이고 장기간 유지되는 것에 반해 한국 노조들과 그 외 다른 국가 노조들 사이의 조직적 교류는 아직 뚜렷하거나 지속적이지 못하고 일회성의 성격을 벗어나지 못하고 있다. 여전히 이들 국가 노동운동과 한국 노동운동의 연대 수위는 '상징적 레퍼투아르'를 통한 공유와 모방과 전파에 머물러 있다. 한국 노동운동에 대해서 동아시아 국가들의 노동운동과 노조들이 보이는 호의와 관심에 비하면 한국 노동운동의 국제 연대는 여전히 받는 연대, 자기중심

---

16 하지만 한국합섬 폐업으로 두 지역 노조들 간의 연대의 끈은 끊겼다. 이후 한국합섬은 스타케미칼로 바뀌었고 지금은 파인텍이라는 회사로 이름을 바꾸면서 명맥을 유지하고 있지만, 이들 간의 국제 연대는 다시 이어지지 못했다.

적인 연대에 국한돼 있다고 볼 수 있다.[17]

마지막으로 풀뿌리 연대(로컬 연대)와 국내외 이주노동자운동에 대한 연계가 지속적으로 시도되고 있다. 특히 이주노동자운동은 2000년대 이후 매우 중요한 국제 연대의 한 부분을 차지하고 있다. 국내 유입되는 이주 노동자들이 대부분 동아시아 혹은 넓게는 아시아 이주 노동자들이 므로, 이는 한국 노동운동의 동아시아 국제 연대에서 핵심적인 한 흐름 으로 봐야 할 것이다.

통계청 조사 결과에 따르면 현재 남한 내 체류 외국인 중 취업자는 96만 2000명으로, 100만 이주노동자 시대를 목전에 두고 있다. 또한 한 국의 이주노동자들이 2017년 100만 원을 넘어설 것으로 예상된다(통계 청, 2017). 이에 따라 국경을 넘어, 자국-타국을 넘어 범아시아 노동자운 동과 연대 가능성을 모색할 인적 물적 토대가 형성되었다고 할 수 있다. 노동단체들 역시 이주 노동자들의 국내 운동과 본국 귀국 후 노동운동

---

17 반면, 일본 노조운동은 한일 노동연대에 매우 지속적으로 공을 들여왔다. 흥미로운 것 은 한국 노동운동과 국제 연대가 기본적으로 탈이념적인 성격을 지속적으로 드러내온 반면, 내부적으로 이념적으로 팽팽하게 갈라지고 이념적인 성격을 강하게 드러내는 일 본의 노조들 역시 한국과의 노동 '교류'에서는 탈이념적이라는 점이다. 이는 '깃발 꽂기' 식 혹은 선점하고 독점하는 연대라는 폐쇄성으로 일컬어지기도 한다. 사실 이는 노동자 국제주의와는 거리가 먼 모습이다. 필자가 일본의 노동운동 지도자들과 활동가들과 했 던 인터뷰, 그리고 한일 국제 연대의 집회 등 현장에서 본 인상도 크게 다르지 않았다. 일본에서 가장 계급적인 노조운동을 표방한다는 도로지바 노조는 민주노총 서울 본부 와 지속적으로 거의 독점적인 관계를 맺고, 상근자를 십여 년 동안 서울 본부에 파견하 고 있지만, 이들의 교류가 과연 인적 교류를 넘어서는 노동자 국제주의적 교류인가에 대해서는 의문이 든다.

을 어떻게 이어갈까에 대한 진지한 질문들을 쏟아내고 있다.

전체적으로 이 시기 노동운동의 국제 연대는 도구적인 국제 연대를 넘어서서 노조운동이 핵심적이고 독자적인 행위자로 수평적인 국제 연대를 본격화했다고 볼 수 있다. 그 연대는 기본적으로 반신자유주의 반세계화 국제 연대이며, 점차 아시아 국제 연대를 중심으로 연대 네트워크를 형성하는 등 보다 중층적이고 다양해져 가고 있다. 즉 민주화에 이어 세계화를 거치면서 국제 연대의 조직적인 장도 더욱 복잡하고 다양하고 이질적인 복수의 행위자들이 등장하고 있는 셈이다. 한국의 동아시아 진출 전략과 해외 투자 등이 한국 노동운동의 국제 연대의 장을 더욱 복합적으로 만드는 것도 세계화의 맥락이 국제 연대에 더욱 큰 자장을 그리고 있다는 증좌이다. 그만큼 노동운동의 국제 연대도 어떻게 자기 방향을 잡을 것인가의 시험대에 오르는 셈이기도 하다.

7. 맺음말

한국의 노동운동 등 사회운동의 국제 연대는 1980년대 민주화와 1990년대 세계화라는, 정치적·경제적 이중 전환을 핵심 조건으로 삼아 역사적으로 변화했다. 반독재 민주화 투쟁기의 '닫힌 정치적 기회구조' 하에서 국내 노동운동 등 민주화운동은 국제 종교 인권단체들의 국제적 운동 자원의 지지와 동원을 매우 중요시했고, 이는 수평적인 국제 연대라기보다는 지원이나 원조에 가까웠다. 이후 1980년대 탈냉전에 따른 민주화를 거치면서 국제 연대의 본격적인 장이 열렸고, 이어 1997년 신자유주의에 따른 세계화가 본격화된 이후 새롭게 변화했다. 즉, 일제강점기 이후 냉전 권위주의 체제하에서 민주화운동의 지원 연대에서 탈냉전 이후 민주화와 세계화를 거치면서 전 지구적 연대와 동아시아 국제 연대도 본격화된 것이다.

하지만 국제 연대와 국가 간 국제 관계는 서로 완전히 독립적으로 존재하지 않는다는 점을 다시 한번 지적할 필요가 있다. 행위자 측면에서도 국가 간 외교 관계 혹은 지정학적인 정치는 단지 국가기구들만의 교류에 한정되지 않는다. 그것은 다양한 민간 에이전시를 포괄하거나 활용하며, 여기에는 사적 경제행위자뿐 아니라 흔히 비정부 기구로 불리는 다양한 시민·사회단체들과 사회운동까지도 때로 광범위하게 포함된다.

그러므로 국제 연대운동은 국가 간 경계를 넘어 다양한 행위자, 적과 동맹, 구경꾼, 방관자들이 존재하는 '복수의 조직적인 장'에 위치한다는 사실에 주목해야 한다. 국가 간 비정부 차원의 사회운동 조직들ISMOs부터, NGO - INGO - IGO 등 다양한 관계망의 조직화와 형태가 이 조직적인 장에는 깃들어 있다. 그리고 이들은 갈등자, 주선자, 침투자, 연대자 등 다양한 형태의 상호 관계를 구성하고 하고 있다. NGO/SMO와 INGO 국제 비정부 기구의 연계는 운동 간 연대(세계 시민사회의 형성)일 수도 있지만, 국가 간 관계의 일부일 수 있다. 따라서 국제 연대 연구를 하기 위해서는 국가 간의 외교 관계 등 공식적인 '국제 관계'나 지정학적인 관계 등의 다양하고 이질적인 전 지구적인 관계들에 대해서도 고려하는 균형

잡힌 시각과 비판적인 접근이 필요할 것이다. 국제 연대는 복수의 조직적인 장에서 벌어지는 국제적인 현상이다.

마지막으로, 연대에서 노동자 국제주의의 의미를 숙고해볼 필요가 있다. 노동계급의 입장에서 국가/민족의 문제, 동아시아 발전국가에서 특히 강력하게 작용하는 '국민경제'라는 틀은 국제 연대운동의 경로를 제한하고 있다. 현재는 잠복된 듯한 민족주의의 문제는 세계화 속에서 다른 형태로 나타나고 있고, 앞으로 더욱 그러할 것이다. 최근에는 건설업종에서 이주 노동자들과 민주노총 산하 노조들의 갈등이 나날이 첨예해지고 있다. 또한 해외로 진출한 한국 기업들의 경우 현지에서 심각한 노동 탄압으로 원성을 사고 있으며, 몇 해 전 캄보디아의 한국인 기업에서 발생한 노사분규에 대해 회사 측이 현지 경찰에 진압을 의뢰해 유혈 탄압이 빚어짐으로써 국제적으로 항의와 서명 사태를 불러오기도 했다.

따라서 노동자 국제주의와 반세계화는 여전히 분리 불가능한 양면성이 있으며, 노동자 연대에 접근함에 있어서 국가 간 경계의 극복은 요원하다. 또한 국제 협력, 개발 원조, 시장 개척 등 '아시아'적 지역적 정체성을 겨냥해 쏟아지는 담론이나 '한류' 등 문화 담론의 흐름이 주는 영향도 심대하다. 이런 국제 교류와 사회운동 간 국제 연대는 상호 구분되기가 어렵고, 실천 역시 뚜렷한 경계가 없고 모호하기 일쑤다. 그러므로 반세계화는 대안적 세계화가 아니라 그 자체로 세계화의 일부로 여겨지기도 한다. 결국 서구의 한국 노동운동에 대한 국제 연대가 원조, 지원, 포섭의 다양한 의미를 내포했던 것처럼, 한국 노동운동의 국제 연대 역시 또 하나의 '재영토화'가 아닌가 하는 근원적인 질문이 제기되고 있는

것이다.[18]

　결론적으로 한국 노동운동의 국제 연대는 1970년대에 전개된 냉전 체제하 민주화운동의 일부였다가 1980년대에 탈냉전에 따른 전 지구적인 민주화 이행 이후 도래한 민주주의이후 민주주의에서, 그리고 신자유주의적 시장원리의 세계화가 지배적인 흐름이 된 전 지구적인 정치경제학적 질서 속에서 반세계화 노동자 국제주의를 어떻게 구성하고 새로운 행동으로 옮길 것인가 하는 새로운 과제를 앞에 두고 있다.

---

18 다음은 2006년 ≪경향신문≫에 실린 글이다. 태국의 영자 신문 ≪더 네이션(The Nation)≫의 2005년 11월 28일 자 칼럼의 일부를 인용한다. 여전히 시의적절한 문장이라 여겨 마지막으로 덧붙인다. "아시아에서 활동하고 있는 개발 NGO 가운데 한국의 평면TV, 휴대폰, 드라마뿐만 아니라 한국의 민주주의를 수출하기를 열망하는 사람들이 있다. 아시아의 다른 국가에 민주주의를 수출한다는 것은 매우 거창하게 들리고, 심지어 자랑하고 싶어 하는 듯 보이며, 선심 쓰는 듯하게도 느껴진다. 한국사회의 폐쇄된 성격으로부터 판단하자면, 한국 시민사회의 목표는 단순히 더 많은 개발 원조나 민주주의를 수출하는 것이 되어서는 안 된다. 대신 먼저 한국사회에 존재하는 편견을 성찰하고 한국사회가 다른 사람들과 문화를 수용할 수 있도록 문을 여는 것이어야 할 것이다"(≪경향신문≫, 2006.12.5).

참고문헌

구해근. 2002. 『한국 노동계급의 형성』. 창작과 비평사.

권영숙. 2017. 「민주화이행 이후 한국 노동운동의 역사적 전환과 시기 구분, 1987~ 2006」. ≪사회와 역사≫, 115권, 277~344쪽.

_____. 2018. 「촛불의 운동정치와 87년 체제의 이중전환: 2016년 촛불은 87년 체제의 완성인가? 87년 체제 전환의 시작인가?」. ≪경제와 사회≫, 117호, 62~103쪽.

김영수. 2009. 「반세계화 국제연대와 한국 민주노조운동: 민주노총의 국제연대사업을 중심으로」. ≪민주사회와 정책연구≫, 15권, 311~335쪽.

김의동. 2010. 「한국 시민사회단체의 대안세계화 운동: 특징과 한계 및 이념적·실천적 과제를 중심으로」. ≪사회과학연구≫, 26권 4호, 371~398쪽.

김준. 2003. 「민주노조운동과 교회: 개신교 산업선교를 중심으로」. 한국산업사회학회 엮음. 『노동과 발전의 사회학』. 한울.

나간채. 2009. 「5월운동에서 국제연대의 발전과정 분석」. ≪민주주의와 인권≫, 9권 2호, 97~127쪽.

나카키타 고지(中北浩爾). 2016. 『일본 노동정치의 국제관계사』. 후마니타스.

노동자운동연구소. 2011. 「아시아 지역 노동운동 보고서」.

류미경. 2013. 「민주노총 국제사업 현황과 평가」. ≪사회운동≫, 113호, 86~101쪽.

민주화운동기념사업회. 「2016 민주주의 국제연대 세미나 자료집」(2016년 6월 8~10일).

박경서·이나미. 2010. 『WCC창으로 본 70년대 한국민주화 인식』. 지식산업사.

서남포럼. 2006. 『동아시아 연대운동단체 백서』. 아르케.

안봉술. 1999. 「세계화 시대의 국제연대: 한국노총의 국제연대」. ≪정치비평≫, 6권, 1~24쪽.

영등포산업선교회 40년사 기획위원회. 1998. 『영등포산업선교회 40년사』.

윤여일. 2011.10.19. "동아시아 '연대'를 말하지 못하는 이유." ≪프레시안≫.

이정옥. 2000. 「글로벌리제이션의 다면성과 사회운동의 국제연대」. ≪경제와 사회≫, 48호, 62~92쪽.

이정옥. 2016. 「민주주의의 지구화와 한국의 역할」, 『2016 민주주의 국제연대 세미나 자료집』. 민주화운동기념사업회.

임송자. 2010. 「1970년대 도시산업선교회와 한국노총의 갈등, 대립」, ≪사림≫, 35호, 311~344쪽.

장숙경. 2013. 『산업선교, 그리고 70년대 노동운동』. 선인.

전제성. 2006. "한국 시민사회의 동아시아 연대운동." ≪참여연대≫.

정일준. 2007. 「한국 민주주의와 미국: 박정희 정권시기 한국 정치변동에 대한 미국의 공개 개입과 불개입을 통한 개입을 중심으로」, ≪기억과 전망≫, 17호, 202~237호.

조희연·이영채. 2016. 『일본탐방』. 아시아 문화커뮤니티.

차미경. 1999. 「세계화 시대의 국제연대: 시민운동에서 본 세계화와 국제연대」, ≪정치비평≫, 6권, 1~12쪽.

통계청. 2017. '2016년 외국인고용조사 결과.'

Harvey, Pharis. 2016. "Korean Human Rights: Reflections on my Experience." 빅터 슈(Victor W. C. Hsu). "한국 민주화에서 세계교회연합 운동은 어떤 역할을 했는가?" 『2016 민주주의 국제연대 세미나 자료집』. 민주주의운동기념사업회.

Ayers, Alison J. 2006. "Demystifying Democratisation: the Global Constitution of (Neo) liberal Polities in Africa." *Third World Quarterly*, Vol.27, No.2, pp 321~338.

Arrighi, Giovanni, 1999. "Globalization and Historical Macrosociology." in J. L. Abu-Lughod(eds.). *Sociology for the Twenty-First Century*. Chicago: University of Chicago Press.

Cumings, Bruce. 1987. "The Origins and Development of the Northeast Asian Political Economy: Industrial Sectors, Product Cycles, and Political Consequences." in Frederic C. Deyo(eds.). *The Political Economy of the New Asian Industrialism. Ithaca*. New York: Cornell University Press.

Evans, John H. 1997. "Multi-Organizational Fields and Social Movement Organization Frame Content: The Religious Pro-Choice Movement." *Sociological Inquiry*, Vol.67, No.4, pp.451~469.

Evans, Peter B. 1987. "Class, State, and Dependence in East Asia." in Frederic C. Deyo(eds.). *The Political Economy of the New Asian Industrialism*. N.Y.: Cornell University Press.

Goldstone, Jack A., and Charles Tilly. 2001. "Threat (and Opportunity): Popular Action and State Response in the Dynamics of Contentious Action." in Ronald Aminzade et al. *Silence and Voice in Contentious Politics*. Cambridge: Cambridge University Press.

Hanagan, Michael. 2003. "Labor Internationalism, An Introduction." *Social Science History*, Vol.27, No.4, pp.485~499.

Keck, Margaret and Kathryn Sikkink. 1998. *Activists beyond Borders*. Ithaca. NY: Cornell University Press.

Kubik, Jan. 1994. *The Power of Symbols against the Symbols of Power: the Rise of Solidarity and the Fall of State Socialism in Poland*. University Park: Pennsylvania State University Press.

Kweon, Young-Sook. 2008. *Liberal Democracy without a Working Class?: Democratization, Coalition Politics, and Korean Labor Movement 1987~2006*. Columbia Univ. Diss.

Yoonkyung, Lee. 2011. *Militants or Partisans, Labor Unions and Democratic Politics in Korea and Taiwan*. Stanford University Press.

Markoff, Johh. 1996. *Waves of Democracy: Social Movements and Political Change*. Thousand Oaks. CA: Pine Forge.

Meyer, John W. and Brian Rowman. 1977. "Institutionalized Organizations: Formal Structure as Myth and Ceremony." *American Journal of Sociology*, Vol.83, No.2, pp.364~385.

Robinson, William. 1996. Promoting Polyarchy: Globalization, U.S. Intervention and Hegemony, Cambridge: Cambridge University Press.

Rothman, Franklin Daniel and Pamela Oliver, 1999. "From Local to Global: The Anti-Dam Movement in Southern Brazil 1979-1992." *Mobilization: An Interntional Journal*, Vol.4, Issue 1, pp.41~57.

Silver, Beverly J. and Giovanni Arrighi. 2001. "Workers North and South." *Socialist Register*, Vol.19.

Smith, Jackie. 2007. *Social Movements for Global Democracy*.

Tarrow, Sidney. 2005. *The New Transnational Activism*. Cambridge University Press.

Tilly, Charles. 1995. "Globalization Threatens Labor's Rights." *International Labor and Working Class History*, Vol.47, pp.1~23 and responses from Immanuel Wallerstein, Eric Hobsbawm: pp.24~55.

자료
전국노동조합협의회. 1997. 『백서』(전 13권).
민주노총. 1996~2004. 「연례보고서」.

웹사이트
WCC archive

https://www.oikoumene.org/en
https://www.oikoumene.org/en/resources/documents
https://www.oikoumene.org/en/what-we-do/library-and-archives

심층 인터뷰

타이완 노동운동, 사회운동 활동가들과 학자들(2017년, 2회).
일본 노동운동, 사회운동 활동가들과 학자들(2016~2017년, 3회).

4장

민족의 농민에서 세계시민으로

한국의 농민운동과 '농업 개방 반대'의 동아시아 연대

주윤정(서울대학교 사회발전연구소)

1. 머리말

동아시아 지역에는 다양한 민주주의 연대가 있었다. 그중 대표적인 것이 농민운동의 연대라고 할 수 있다. 농민운동은 운동의 형성 초기부터 운동의 확산 시기까지 다양한 형태로 등장했다. 민주주의 연대 초기에는 농민운동의 형성에 대해 국제단체의 지원이 존재했으며, 이후에는 동아시아의 농민들이 연대할 수밖에 없는 시장 환경이 조성되었다. 연대가 발생하는 것은 연대가 발생할 수밖에 없는 환경이 조성되기 때문이다. 이 장에서는 한국의 농민운동을 중심으로 동아시아 민주주의 연대의 조건과 변화를 분석하고자 한다.

일반적으로 동아시아에서 시장 중심의 신자유주의적 질서가 확장된 것이 1990년대 후반 외환위기 때부터라고 알려져 있다. 하지만 농민들의 경우에는 어떤 사회집단보다 이른 시기에 신자유주의적 세계 질서에 노출되었다고 할 수 있다. 1980년대 이후부터 미국의 농산물 개방 정책의 압박으로 인해 한국의 농민들은 심각한 위기에 빠졌고, 강력한 사회운동으로 발전했다. 동아시아 지역에서 한국 민주화운동의 대표적인 사례로 농민운동이 언급될 정도로 깊은 인상을 남겼다. 우루과이 라운드UR, WTO 체제가 성립되어가는 상황에서 농민운동은 강력하게 조직되었으며 해외 연대 활동을 진행했다. 국제 연대 활동과 강력한 농민운동은 사실 1970년대 이래의 해외의 농민운동의 지원에 힘입어 가능하기도 했다. 해외로부터의 지원을 통해 농민운동의 조직화가 가능했으며, 이렇게 조직된 농민운동이 활성화된 이후 국제 연대가 가능한 조건이 마련되었다. 냉전 시기에는 농업에 대해 보호주의적 정책을 유지하고 있었지만, 탈냉전이 가속화되면서 자유무역이라는 새로운 규범이 전 세계적으로 확장되어갔다.

동아시아 국가의 국가 특히 한국, 일본, 타이완은 새로이 재편되는 WTO 체제와 관련 규범의 확장 속에서 발전주의 국가 모델을 유지하기 위해 농업을 희생했다. 이는 한편으로는 산업구조의 변화, 도시화율, 농촌 인구의 변화와도 관련이 있다. 한때 전체 인구의 60%에 육박했던 농촌 인구는 급격히 감소해, 인구구성이나 GDP 내에서 농민, 농업이 차지하는 비중은 현저히 줄어들었다. 산업의 재편성과 발전 국가의 성장 전략 안에서 농업과 농민은 후순위가 되었다. 시장개방의 압력이 강화되면서 지역의 기존의 사회 경제적 규범은 근본적으로 변화해야 했다.

농업과 농민은 동아시아에서 경제적으로나 상징적으로나 중요한 지위를 차지하고 있었다. 동아시아의 사회조직은 농업 문명을 기반으로 구성되었고, "농자천하지대본農者天下之大本"이라는 담론이 일반적으로 받아들여졌다. 국가의 주요 기간산업이자 사회구성의 핵심적 원리로 인식되던 농업은 자유무역과 시장 개방의 강화라는 압력 속에서 한순간에 기존의 전통적 지위를 상실하게 되었다. 탈냉전 이후 민주주의의 규범이 확산되면서 동아시아 사회에서 민주화와 민주화의 연대가 확산된 것도 사실이지만, 한편에서는 WTO 체제로 대표되는 자유무역의 규범이 확산되면서 기존의 소농 경제 등 상당히 오랜 기간 이어져온 민중의 자생적인 생활 방식이 변화의 격동에 휘말리게 되었다.

이런 상황에서 각국의 농민운동은 강화되었으며, 각기 새로운 방식으로 저항 담론을 구성하고 저항의 전략을 형성했다. 한국과 타이완은 저항의 과정에서 농민의 생존권 담론을 강조했으며, 일본의 경우에는 먹을거리 안전성의 문제와 자국 농산품의 질을 강조하는 전략을 펼쳤다. 이 과정에서 필연적으로 공동 행동 등 연대의 방식을 모색하기도 했지만, 때로는 시장 개방 과정에서 서로 경쟁 관계에 있기도 했다. 하지만 전 지구적인 규범의 확산이 지역 체계 내에 정착하는 과정에서 농업의 구조 조정과 축소는 다소 필연적이었으며, 이런 저항과 연대는 그 강도와 강력함에도 불구하고 변화의 파고에 영향을 행사하기는 역부족이었다. 또한 국제기구 형성 등 자체적 규범의 형성으로 넘어가는 활동도 다소 약했다고 볼 수 있다. 1980년대, 1990년대 민주화운동 시기 농민운동은 강력한 집단행동을 토대로 대중운동에서는 상당히 중요한 역할을 했다. 특히 1990년대 초반 가두 투쟁에서 농민운동의 영향력은 상당했다.

한국의 농민운동에 대한 연구는 단위 조직의 발전 과정에 대해 충실히 검토하고 있다. 윤수종(1997, 2010), 이창한(2011), 장상환(2000) 등의 연구가 선구적으로 운동의 발전 과정과 핵심적인 단체. 의 발전에 대해서 검토 및 분석했다. 김철규(1997), 이호철 외(1997) 등은 농민운동의 조직화를 구체적으로 다루었다. 그러나 한국의 농민운동을 동아시아적 차원의 연대에서 보는 시각은 부족했다. 하지만 농민운동의 당면 과제였던 농정 개방 자체가 지구화라는 세계적인 변화 속에서 발생하는 운동이라는 점을 고려한다면, 국제 비교적 시각 혹은 초국적 프레임에 대한 분석이 다소 부족한 편이다. 공석기(2014)의 연구는 초국적 운동 전략에 대해 분석하고 있다. 프레임 분석을 중심으로 한국의 농민운동이 초국적 전략을 취하는 방향에 대해 연구했다. 하지만 초국적 전략을 취하기까지의 연대의 과정에 대한 분석, 연대의 경험에 대한 분석이 다소 소략한 편이다.

2000년대 이후 초국적 농민운동이 증가하면서 초국적 농민 조직에 대한 분석, 지역적 연대의 과정에 대한 연구가 증가했다. 경제환경의 변화가 농민들로 하여금 연대의 단위와 조직을 상이하게 활용하도록 했다는 분석이나, 지역 통합과 초국적 거버넌스 조직이 형성되었다는 논의들이 등장했다. 이 연구들은 전 지구적인 정치 경제의 부상이 농촌의 빈자들의 자율성과 역량에 어떤 영향을 주었는가의 문제에 주목했다. 신자유주의는 농업 생산과 교환의 작용을 상당히 변화시켰다. 전 지구적 재구조화 과정은 도·농 간 관계와 농민운동에 상당한 영향을 끼쳤고 다양한 방식으로 작용했다.

보라스 등(Borras, Edelman and Kay, 2008)은 초국적 농민운동을 하나의 단일한 방향으로 인식하지 말고, 상이한 정치적 지향과 계급적 기원을 갖고 있는 이질적 운동의 결합체로 인식해야 한다고 주장한다. 하지만 기존의 연구에서는 초국적 연대 운동이 등장하는 과정에 대해 다소 단선론적인 방식으로 서술했다. 국가 내의 차이에는 주목했지만, 국가 간의 경쟁 관계에 대해서는 논의한 바가 없다. 보라스 등의 관점에 의거하면 한국의 농민운동은 단순히 일국적 사태가 아니라 전 지구적인 사태였으며 한국의 농민운동도 그런 시각에서 분석될 필요가 있을 것이다. 전 지구적인 농민 공동체들은 네트워크를 구성해 전 지구적인 상업화에 저항하기 위해 노력했다(Borras, Edelman and Kay, 2008).

한편 냉전과 농민운동의 관계를 살펴볼 필요가 있다. 스폴딩(Spaulding, 2009)은 폴란드 농업에 대한 분석을 통해, 폴란드의 농업이 냉전 상황과 밀접한 관계가 있다는 것을 밝혀냈다. 전후 냉전 체제에서 농업은 사회주의에 저항하기 위해 일종의 보호를 받는 영역이었지만, 냉전 시기의 종식 이후 보호무역의 기조는 자유무역으로 변화해갔다. 동아시아의 농민들에게 엄청난 충격을 안겨준 우루과이 라운드의 출범은 냉전 체제의 종식 이후 새로운 국제 규범이 형성되면서 한편에서는 자유민주주의의 확산, 한편에서는 자유무역과 시장경제의 확산의 한 모습이었다. 이런 탈냉전적인 상황에서 농민들은 기존의 생활 방식과 조건을 유지하기위해 엄청난 저항을 했다. 냉전과 탈냉전이란 상황은 농업에 대한 국가별 정책의 변화를 야기했으며, 이로 인해 농민운동 역시 이에 대한 대응으로 변화할 수밖에 없었다.

기존의 연구들은 다소 일국사적 시각에서 농민운동을 분석했기 때문에 국제적 관계의 영향, 연대의 가능성 등에 대한 이해가 낮은 편이다. 초기 농민운동은 가톨릭 단체 등 해외의 기금 지원을 받아 조직이 형성되었으며, 이후 공동 학습, 모방하기, 공동 행동 등을 진행했다. 이를 기초로 동아시아 차원에서 이루어진 다양한 연대의 방식에 대한 논의가 필요하다. 국제 연대의 방식과 양상, 조건에 기초해 농민운동을 분석할 경우, 이는 농민운동에 대한 새로운 시각을 제시할 수 있을 것이다.

구체적으로 이 장에서는 다음과 같은 질문을 던지고자 한다. 첫째, 민족주의적 지향이 강한 농업, 농민이 어떻게 국제 연대에까지 나아가게 되었는가? 두 번째, 동아시아 지역 내에서 연대를 하는 과정에서 연대의 장애물은 무엇이었는가? 민족경제로 인한 충돌은 없었는가? 세 번째, 한국의 농민운동은 국제 연대, 국제 농민운동에 무엇을 기여했는가? 이를 위해 대안 세계화 운동의 결성 이전까지의 단계를 살펴보겠다. 연구를 위해서 관련 농민운동 단체들의 성명서, 역사 기록, 신문 기록 등을 검토했으며, 국제 연대를 이해하기 위해서는 타이완의 관련 연구자와 인터뷰 등을 실시해서 농민운동의 국제 연대의 양상을 분석했다.

2. '조직화 운동'에서 '농업 개방 반대' 운동으로

1) 농민운동의 조직화와 개방 농정의 압력

한국 농민의 조직화는 가톨릭농민회로부터 시작되었다. 한국가톨릭노동청년회 안에 1964년에 농촌 청년부가 만들어졌고, 1966년에 한국가톨릭농촌청년회로 독립 발전했다. 1970년대부터는 농업 문제에 대해 사회과학적으로 접근하기 시작했고, "'한국가톨릭농민회(가농)'로 조직을 개편하고 '농민 권익의 옹호'를 내걸며 본격적으로 농민운동에 뛰어들었다(정호경, 1984). 독재 정권의 탄압이 심해지던 1970년대 후반에 들어서 가농은 농민 교육을 더욱 활성화했고 다양한 권익 실천 활동(윤수종, 1997)을 펼쳤다. 가농이나 크리스천아카데미에서 교육을 받은 농촌 청년들이 해남과 무안 지역을 중심으로 활동하다가 기독교 농민의 조직화를 시도했고 1982년 3월 '한국 기독교농민회총연압회(기농)'을 결성해 전국적인 농민운동 조직의 틀을 마련하고(윤수종, 2010) 이후 전국농민회로 발전되었다. 농민운동은 초기에는 가톨릭과 기독교의 영향과 지원 속에서 성장할 수 있었다. 가톨릭과 기독교를 매개로 초기에는 간접적이나마 국제적 지원을 받아 국제 연대 속에서 성장했다. 특히 제2차 바티칸 공의회 이후 사회적 참여를 강조했고, 그런 맥락 속에서 농민운동이 더욱 활성화될 수 있었다.

하지만 한국의 농민과 농업은 냉전 시기에는 비교적 보호주의적 상태에 있었지만, 점차 무역 개방 압력이 높아지면서 다양한 개방 압력에 시달렸다. 냉전 시기 농민과 농업은 사회주의의 확장을 막기 위해 일종의 보호 대상으로 인식되었다. 토지개혁을 통해 농민들에게 안정적인 생산 기반을 제공했으며 이로 인해 자작농이 증가했다. 역사학자 에릭 홉스봄은 동아시아의 토지개혁과 소농의 증가는 동아시아 경제 발전의 토대가 되었다고 언급한 바(Hobsbawm, 1990) 있다. 하지만 공업 중심의 국가 발전 전략이 우선시되면서, 농업은 후순위가 되었다. 그럼에도 인구의 60%가량이 1970년대까지만 해도 농민으로 구성되었기 때문에 농업에 대해서는 어느 정도 보호주의적인 정책을 펼쳤다고 볼 수 있다. 1970년대에는 통일벼 등 식량 증산 정책, 이중 곡가제에 따라 쌀 수매가를 과거보다 높이고, 자작농 체제 아래서 식량 확보와 빈농의 생활 안정에 상당히 기여했다. 하지만 세계적으로 자유무역의 기조가 확산되면서 농업에 대한 보호 정책은 축소되어갔다.

점차적으로 산업화로 인해 이농이 증가했고, 1977년부터 경제기획원 주도로 임금과 물가 상승의 억제를 목표로 농업 개방을 표방하는 방향으로 급진적으로 전환됨으로써, 농촌에서의 노동력 유출이 본격화되자, 1970년부터 농업 노동력이 부족하게 되었다. 1980년대부터는 본격적으로 개방 농정이 실시되어, 선진국 자유무역주의 논리에 의거한 농산물 수입 자율화, 농산물 수입 개방과 저곡가 정책으로 인해 농가 경제 약화, 식량 작물 생산보다 복합농 생산이 시작되었다. 1988년의 농어촌 발전 종합 계획에서는 외국 농산물 수입 확대를 불가피하다 주장하며, 소수의 전업농 중심으로 농업 구조를 전환하기 시작했다. 1990년에는 우루과이 라운드 협상 타결, WTO 체제 출범으로 인해, 농산물 시장이

전면 개방되며 농업 경쟁력을 상실하게 되었다. 값싼 외국 농산물이 수입되고, 쌀시장 역시 단계적으로 개방되었다. 동아시아의 농업 구조는 냉전 시기에는 일종의 보호 조치가 유지되고 있었다. 하지만 냉전 경쟁이 해체되어가는 상황에서 농업에 대한 보조금 정책, 보호 정책이 깨져나가기 시작(박정근, 2006)하면서 농업은 급격한 변화를 경험했다. 이는 또한 농업 인구의 급격한 감소와 관련이 있다.

1970년대 말부터 시작된 '개방 농업 정책'으로 외국 농산물의 수입이 대폭 늘어나면서 식량 자급률이 50% 이하로 떨어지기 시작했다. 이 시기부터 농민들에게 농축산물 수입 반대 운동은 가장 중요한 운동 중의 하나로 자리매김했다. 대표적으로 함평·무안 농민 대회에서 제기된 농축산물 수입 금지 요구는 1985년이 되면서 농민들의 전국적인 투쟁 목표가 되었다. 1980년대 들어 늘어나기 시작한 농축산물 수입이 이 시기에 수백 품목으로까지 확대되었다. 정부는 복합 영농이란 취지 아래 농민들에게 소를 키울 것을 권장했지만 쇠고기 수입을 늘려 솟값 폭락을 가져왔다. 1985년 4월 기농은 미국 농축산물 수입 요구 반대 규탄 대회를 열고 미국 대사관 앞에서 수입 개방 요구 반대 시위를 전개했다(박연섭, 1986: 305). 이 시위는 이후 솟값 피해 보상 운동(소몰이 시위)의 전초전이었다고 할 수 있다. 1985년에는 농축산물 수입 반대 및 솟값 피해 보상 운동 이외에도 불량 종자 피해 투쟁과 간척지 소작료 인하 및 분배 요구 투쟁이 전개되었다. 1981년에 전두환 정권은 축산을 장려한다면서 뉴질랜드와 캐나다에서 값싼 소를 수입해 농민들에게 판매했다. 농민들은 농협 빚을 내어 소를 샀고 소가 크게 늘어나자 사룟값은커녕 일

년 키운 소가 반값으로 떨어지는, '솟값이 갯값이 되는 사태'가 벌어졌다. 이에 대해 책임지는 사람이 없었고 농민에 대한 대책과 보상도 전혀 없었다. 처음으로 시위를 전개한 곳이 경남 고성의 농민이었다.1985년 7월 1일, 경남 고성군 마암면 두호리에서 소를 몰고 시위에 나서는 이른바 '소몰이 투쟁'이 일어났다(최용탁, 2016.3.13). "농민은 똥밭에 재벌은 돈밭에. 돼지똥 밟고 엄마 울고 소똥 밟고 아빠 운다. 농민은 선진 조국의 머슴인가. 밀려오는 외국 소에 죽어나는 한국 농민. 양키 강냉이 먹고 설사하는 한우. 열나게 일했더니 신나게 수입하네"(민주화추진협의회, 1988: 189)라는 외침이 등장했다. 소몰이 시위는 시위 방식으로도 획기적이었지만, "밀려오는 외국 소", "양키 강냉이" 등 반미와 연관된 정서가 등장하기 시작했다. 농민들은 분배의 불공평을 토로하는 한편, 경제성장 정책이 사실은 농민의 희생에 기반하고 있으며, 미국산 소와 미국산 사료가 농민의 생산 의욕을 박탈하고 있다고 주장(민주화추진협의회, 1988: 189)했다.

　해외의 지원을 토대로 국제 연대 속에서 가톨릭 농민운동 등이 성장할 수 있었지만, 농민들은 점차로 반미 구호를 외치기 시작했다. 미국산 농산물이 가장 직접적인 위협이었으며, 미국산 사료는 적대적으로 인식되었다. 1970년대까지만 해도, 미국의 원조 등은 식량 수급에서 중요한 역할을 했지만 미국 잉여 농산물의 과도 유입으로 인해 농업 기반이 파괴되었다는 시각이 등장했다. 농업 영역에서 미국은 시장의 경쟁자로 인식되기 시작했으며, 이로 인해 미국에 대한 태도의 변화가 발생했다. 농민과 농업이 대외 의존적인 경제 정책의 희생양이라는 의식이 강화되면서 농민운동은 발전했다.

2) 1차 세계화의 파고와 우루과이 라운드 반대

1980년대 들어 미국은 자국의 농업 공황, 제조업 쇠퇴, 서비스 산업 팽창이라는 산업구조의 변화와 경상수지 적자에 직면해 새로운 무역 질서 구축을 시도했다. 즉, 농업·서비스 산업 및 첨단 기술의 비교우위를 무기로 해 세계 경제에 대한 패권을 회복, 강화하려고 한 것이다. 미국 대자본의 요구에 새로운 무역 질서 재편 과정이 우루과이 라운드였고 이를 통해 GATT 체제는 WTO 체제로 이행했다. 1990년대 이후 GATT, UR, WTO, FTA 등 다양한 경제체제가 등장하면서 농민들의 생존권은 끊임없이 위협받았다. 당시 농민들은 계속 새로이 등장하는 농업 관련 조직을 설명하는 다양한 영어 약자를 외우기조차 어려워했다. 지속적으로 새로운 규범이 형성되고 기구화되고 있어서 농민 단체들은 이를 이해하고 대응 전략을 만들어내기 무척 어려워했다(최용탁, 2016.3.13).

상대적으로 전국농민회나 농어촌사회연구소 같은 조직에서는 이미 협상에 대해 파악하고 1980년부터 반대 서명 운동을 벌이고 대책위를 구성했다. 전농은 "제2의 을사조약 UR 협상을 반대한다"라는 제목의 성명서를 발표했다. 농협에서 주도한 '쌀 수입 개방 반대 서명 운동'에는 1300만 명의 국민이 참여해 우루과이 라운드를 반대하는 운동을 전개했다.

일본 제국주의의 민족 분단의 가장 직접적인 피해자는 농민이다. 일본의 신식민주의적 경제 침탈을 반대한다. 민족의 자립 경제와 자주 존엄을 위해 천만 농민들이 저항을 하기 시작했다(한국가톨릭농민회, 1984.8.21).

역사 이래 수천 년 겨레의 생명을 연면히 이어 온 우리 농민은 이 나라 기초 산업의 역군으로서 온갖 시련을 이겨내면서, 황소같이 일했지만, 현 정권의 살인적인 농업 희생 정책으로 말미암아 태산 같은 빚더미 속에서 더 이상 견디지 못하고 줄줄이 파멸과 죽음의 벼랑으로 내몰리고 있다. (중략) 오형제는 왜 죽어야만 했는가? 보라! 80년 후 정부는 엄청난 소와 쇠고기 수입으로 6000억 원 벌고 농민은 솟값 폭락으로 2조 원 이상 적자를 보았다. (중략) 정부는 이미 미국의 압력에 90년대까지 모든 농축산 수입 개방 방침을 세워놓고 있는 것이다. 이에 농업 소득 보장은 틀렸으니 농외소득 증대라는 미명하에, 도시 실업자 문제와 공해 추방 운동을 무마시키며, 농민 불만을 해소시키는 것처럼 공해 산업을 농촌에 유치시켜 저임금 노동력을 수탈하고 유일하게 남아 있는 환경마저 파괴하려는 것이다"(한국가톨릭농민회, 1986.4.1).

앞의 선언서는 농업 정책 전환으로 인해 농민들의 삶이 피폐화해갔다는 것을 보여준다. 산업화 중심의 경제 발전이 확고해지면서 농업과 농민은 배제되기 시작했고, 전 지구적 시장 자유화의 영향을 한국의 어떤 세력보다도 먼저 경험한 것으로 보인다. 또한 농민들은 자유무역의 확장이 일종의 식민주의적 상황이라는 시각을 갖고 있었다. 농업과 민족 경제를 연결시키는 방식의 시각이 대중적으로 확산되고 있었다고 볼 수 있다. 이런 상황 속에서 당시 대통령이었던 김영삼은 "고립을 택할 것인가, 세계로 나아갈 것인가"라는 담화를 했고, 이는 농민 단체들의 본격적인 반발에 맞닥뜨렸다.

"쌀을 지키기 위해 가트GATT 체제를 거부하고 국제적 고아로 혼자 살아갈 것이냐, 아니면 가트 체제를 수용하면서 세계화, 국제화, 미래화의 길로 나아갈 것이냐 하는 선택의 기로에서, 저는 과연 국가 이익이 무엇인지를 놓고 대통령으로서 불면의 밤을 지새우며 고뇌하지 않을 수 없었습니다"(국가기록원, 1993.12.9). 김영삼 대통령의 담화문을 보면, 개방 문제를 일종의 생존의 문제로 인식하고 있는 것을 알 수 있다. 한국 경제는 세계 경제의 변화에 따라 개방을 택할 수밖에 없다는 입장이었다. 병자호란 때의 삼전도 치욕에 준하는 엄중한 사태로 보고, 개방을 해야지만 민족이 생존할 수 있다는 논리를 펼쳤다. 이에 대해 농민 운동 단체들은 분노하며 수입 개방에 반대했다.

개방화 과정에서 농업과 농민의 문제는 당시 농민운동에 나왔던 성명서를 살펴보면, 농민운동 진영이나 개방 진영 모두 이를 민족과 국가의 생존 차원으로 인식하고 있었음을 확인할 수 있다.

우리는 이제 민족의 생명줄인 농업을 지키고, 나아가 민족의 자주권을 수호하기 위해 자주적으로 투쟁해나갈 것이다. …… 개방이냐? 고립이냐? 라는 이분법적 논리는 더군다나 옳지 못하다. …… 우리는 기필코 저지할 것이다. 우리는 어떠한 희생도 감수할 것이다. 600만 농민들만의 문제가 아니라 전 민족적 문제이기에 우리의 이러한 투쟁은 당연하다(쌀과 기초

농산물 수입개방저지 범국민 비상대책위원회 충북본부 성명서, 1993.12.12).

이 시기 한국의 농민운동은 쌀 시장을 개방하라는 미국의 압력에 대
대적으로 저항했다. 1991년 말 농협이 '쌀 수입 개방 반대 범국민 서명
운동'을 펼쳤는데, 약 40일 만에 한국 전체 인구의 거의 3분의 1에 이
르는 1300만 명이 서명했다. 이는 세계적 기록을 보여주는『기네스북』
1991년판에 "가장 짧은 기간에 얻은 가장 많은 서명"으로 등재됐다.
1993년 3월 다양한 분야의 168개 단체들이 한국의 쌀시장을 지킨다는
목표를 세우고 '우리 쌀 지키기 범국민 대책회의'를 만들었다. 이 모임
은 결성식에서 쌀이 한국인들의 주식으로서 "한민족의 피요, 살이며,
영혼"이라고 선언하고 미국 정부에 600만 한국 농민의 생존권을 위협
하는 쌀 시장 개방에 대한 압력을 철회하라고 촉구했다. 나아가 미국의
압력에 항의하는 다양한 활동을 전개하기로 결의했다. 창립 대회에서
는 미국이 1986년 9월부터 주도해온 이른바 '우루과이 라운드 무역 자
유화 협상'을 통한 미국의 압력에 대처하기 위한 토론회를 열었다. 또한
1993년 6월엔 민주주의민족통일전국연합과 공동으로 미국의 압력에
반대하는 홍보 포스터를 만들어 배포(이재봉, 2015.6.23)했다.

한국에서는 농민의 문제를 민족의 문제로 인식했지만, 이는 전 지구
적 자본주의의 변화 속에서 농업이 직면하게 된 전 지구적 산업 구조의
재편성 차원의 문제[1]이기도 했다. 이런 상황에서 국제 연대는 필연적이

---

1 '당시 쌀 개방에 대해 동일한 압력이 제기되자 국책 연구 기관에서는 각국의 협상 전략에

었다고 볼 수 있다. 하지만 농민과 농업의 문제는 전 지구적이었지만 이를 전 지구적 차원이나 보편적인 농민의 문제로 인식하기보다는 '농민=민족의 희생자'란 방식으로 인식한 한계가 있었다. 또한 농업이 전체 경제에서의 비중이 축소되고 농민 인구가 줄어드는 상황에서 농민운동의 조직력과 범위는 변화를 겪을 수밖에 없었다. 농업 정책의 변화와 산업 구조의 변화, 동아시아 발전 과정에서 도시화에 따른 산업 노동자는 증가했지만 농민과 농업은 지속적으로 축소되어갔다. 이렇게 농업과 농민의 존재 기반이 근본적으로 위협받는 상황에서 농민운동은 더욱 강력하고 전투적인 투쟁 양상을 보였다고 할 수 있다.

3. 국제 연대와 동아시아의 농민운동

1) 동아시아의 농민운동과 연대

자국의 농업 보호를 민족의 문제로 인식하고 있는 상황에서 농민운동

대한 비교 분석 연구가 진행되었다. 국가별로 쌀 개방은 핵심적인 문제였기에 한국에서는 일본과 타이완의 개방 정책에 대한 연구가 진행되었다. 한국과 일본의 농업 개방 현황에 대한 정책적 관심이 증가했다. 이는 동일한 시장 개방의 압력을 경험하고 있기에 나타나는 국가적 차원의 대응이었다. 국가 차원에서도 타이완과 일본의 전략을 검토하는 보고서들이 출간되었다. 일본과 타이완 정부의 대응 방식 및 일본과 타이완 농민들의 대응 방식 등을 분석했다. 이는 이 문제가 동아시아에서 동일하게 발생하는 문제로 이에 대한 비교의 준거가 국가적 대응 전략의 마련을 위해 필요했다는 것을 알 수 있다.

의 국제적인 연대를 형성하기에는 많은 어려움이 있었다. 그럼에도 불구하고, 미국산 농산물의 수입 및 WTO 체제 반대라는 공동의 전선이 형성되면서 연대의 가능성이 열려 갔다. 우루과이 라운드 및 자유무역 시장경제체제에 대한 논의가 본격화되면서 한국뿐만 아니라 일본, 타이완에서도 시장 개방 압력으로 인한 문제가 발생하기 시작했다. 우선 국가별 농민운동의 발전 과정과 핵심 문제는 다음과 같다.

전후 타이완에서도 토지개혁이 활발히 진행되었는데, 소농 계급을 농촌 사회 구조의 핵심으로 상정했다. 1949년부터 1987년까지 대략 40년간 타이완 사회에서는 권위주의 체제와 소농의 보수적 성격으로 인해 농민운동이 발생하지 않았다. 계엄령의 지속이란 차원도 있었지만, 농민에 대한 일종의 보호주의적 농업 정책이 유지되었기 때문이다. 타이완의 경우 1988년 5월 20일 농민운동이 시작되는데, 타이완 역시 시장 개방 등으로 인해 농업·농민 문제가 발생했으며 이후 강력한 농민운동이 존재(蕭新煌, 1990)했다. 특히 타이완의 농민운동은 1988년 봄에 본격적으로 시작되었다. 타이완정부가 수입 농산품을 늘리기로 하면서 농민들의 불안이 고조되고 농민운동이 발생했다. 대표적으로 1988년 5월에 윈린 지역의 농민회가 "농민을 희생시키고 시장을 개방"하는 데 저항하기 위해 타이베이에 모여 시위를 벌였다. 그래서 남부의 농민들이 타이베이에 모여 시위를 했다. 그리고 시위에서 "농업 보험, 농민들에 대한 완전한 보호, 비료의 무상 판매, 농협의 위원장 임명제 폐지, 수고(농업용수 저장고) 위원장의 임명제의 폐지, 농업부의 신설과 농업 용지의 자유로운 매매" 등의 내용이 담긴 7개의 요구안을 제시했다. 이 당시 130명이 넘는 사람이 체포되었다. 이후 정부는 농민 관련 보험 등을 신설하고 관련 대책을 만들기 시작(林土清, 2015.5.21)했다. 이 당시 130명이 넘는 사람이 체포되었는데, 이는 계엄령이 해제되기 전의 대표적인 군중시위로 기록되었다. 이렇듯 타이완에서의 농민운동은 중요한 민중운동이었다.

이후 동아시아 지역에서 신자유주의적 자유무역의 질서가 본격화되면서 농민운동은 적극적으로 국제 연대를 모색하기 시작했다. 타이완 농민연맹 대표단이 한국에 와서 한국의 농촌과 농민운동을 둘러봤다.

지난해(1987년) 물밀듯 밀려오는 미국산 농산물 때문에 점차 곤경에 빠진 농민들의 권익을 지키고 농산물 개방을 저지하기 위해 만들었다. 계엄령이 해제되기 전이라 결성할 때부터 국민당 정부 쪽으로부터 탄압을 받았다. 계엄령 해제 이후로도 '불순한 단체'라고 선전하는 등 이간·탄압책이 계속되고 있다. 지난봄 타이베이에서 수천 명이 참가한 미국 농산물 수입 반대 시위를 주최하고 농업 관계 강연회를 곳곳에서 열고 있다. 지방에서 열리는 연설회에는 많으면 8000명이 모이는 등 농민들의 관심과 참여가 놀랄 만하게 커지고 있다. 연맹 발족 1년여 만에 지금은 정회원이 5000명에 이르고, 18개 현에 지부가 결성됐다. 한국의 농민운동의 경우 농촌 구석구석까지 플래카드나 포스터가 붙어 있는 것이 눈길을 끌었다. 한국의 농민운동이 우리보다 광범위하고 활발하다는 느낌이다(≪한겨레≫, 1988.12.7).[2]

---

2 농민운동 연구자이자 운동가 출신인 종슈메이는 한국의 농민운동이 타이완 사회에 상

타이완 농민운동 단체들에게 한국의 농민운동은 일종의 자극으로 받아들여졌으며 농민운동의 모범으로 인식되었다. 이후 한국의 농민운동의 강력한 투쟁 방식을 학습하고 이를 적용한 것으로 보인다. 한국의 농민운동의 시위 방식과 조직 방식은 일종의 모델로 인식되었다.

　　일본의 농민운동에서 근대적 농민조합이 만들어진 것은 1922년으로 이 시기에 전국 규모의 농민조합이 만들어졌다. 이후 소작쟁의, 농지개혁의 활동 등을 진행했으며 정치적 영향력도 상당했다. 점차 단위 조직들로 분화되기 시작하면서 지역별 기층조직을 확보해나갔다. 일본의 경우에도 지속적으로 해외의 쌀을 수입 개방하려는 시도가 있었다. 식민지 시대 오사카 지역의 노동자들에게 안정적인 식량을 공급하기 위해 조선의 쌀을 수입했으며, 1980년대에도 한국산 쌀을 수입해서 곡가를 안정시키려는 시도가 있었다. 이에 대해 일본의 농민운동 단체들은 오사카 항만에서 수입하는 배가 들어오는 것을 막기 위해 해상 데모를 하는 등 지속적으로 수입산 농산품에 대한 반대 시위를 했다. 어떤 측면에서 일본의 농민들에게 일본의 농업을 위협하는 대표적인 해외 농산물은 한국산이었을 수 있다. 이런 상황에서 동아시아 농업 국가들은 일종의 경쟁 관계에도 놓여 있기 때문에 연대를 이루기에는 많은 어려움이 있었다. 이런 강력한 농민운동에도 불구하고, 일본에서도 자유무역의 규범은 확산되어갔고 1993년 호소카와 총리는 일본의 시장을 개방할 수밖에 없다고 밝혔다. 호소카와는 "특히 쌀에 대해서는, 그 역사가 그대

　　당한 인상을 남겼다고 언급한바 있다(2017.6.7).

로 우리나라의 역사이기도 했고, 물을 가득 머금은 논과 풍부하게 여문 이삭은 벚꽃과 마찬가지로 고대부터 일본 열도의 상징이며, 쌀 국토와 환경 보전을 위해서도 둘도 없는 역할"을 해왔다는 것을 인정하지만, 일본의 "눈부신 부흥 뒤에 자유무역 체제의 틀이 있고, 이 틀에서 우리나라가 누린 이익과 혜택"을 지키기 위해서는 농업을 개방할 수밖에 없다"(細川護熙, 1993)라고 밝혔다. 일본에서는 쌀개방 문제를 국가의 식량 안보의 문제이자 문화적 정체성의 문제로 인식하며 쌀 개방 자체를 반대해왔다. 식량은 민족혼이라는 방식으로 어린이들에게 교육했고, 천황은 황궁에서 일종의 의례로 쌀농사를 하는 것을 계속해왔다. 쌀은 일종의 민족 정체성의 핵심이고 민족혼이라는 사고가 일본 사회에서는 지배적(Ohnuki-Tierney, 1993)이었다.

> 일본의 농업에서 쌀은 다른 농산물과는 비교할 수 없이 중요하다. 쌀의 완전 자급자족을 견지하는 것이 일본의 농업과 농가의 존속에 필수 요건이라는 것은 의심의 여지가 없다. …… 벼농사가 일본 국민의 사회, 문화, 생활 전반에 걸쳐 미친 영향의 크기와 깊이는 실로 심대하다. 일본 사회의 질서, 신앙, 제사, 먹을거리, 의료 주거에 이르기까지 벼농사의 영향을 벗어난 것은 없다. 벼농사는 일본 문화의 원형을 형성했다고 볼 수 있다 ……(한경구, 1998: 242).

쌀은 단순히 물질적 식량의 문제가 아니라 일본 고유의 종교인 신도 체계 내에서 일종의 신의 위상을 갖고 있기도 했다. 그리고 한편 일본의 농민들은 사회당의 핵심 구성 세력이어서 강력한 저항을 전개할 수 있었다. 하지만 도시화가 급속히 이루어지면서 농민의 정치적 중요성은 상대적으로 약화되었고, 또한 일본에서의 시장 경쟁력도 일본 사회 내에서 다소 비난의 대상(Sanger, 1993.12.8)이 되었다. 일본의 농업은 실제적인 경쟁력을 가지고 있지 못한데, 국가의 보호에 의해 유지되고 있다는 비판이 내부적으로 제기되었다고 한다. 호소카와의 담화문을 보면 무역 개방은 국제사회에서의 일본의 역할을 위해 꼭 필요한 것이라는 주장이 전개되고 있다. 한국의 경우 농업 개방이 국제사회에서의 한국의 생존과 결부된다는 방식으로 논지가 전개되고 있지만, 일본의 경우에는 이는 국제사회에서의 일본의 지위와 기여와 연결되고 있다며 일종의 일본의 책임론을 제기하고 있다. 일본 사회에서의 농업과 농민이 점유하고 있는 상징적 지위를 인정하고 있지만, 구조 개혁을 통해 일본 농민들의 좀 더 나은 삶을 보장하고자 한다는 입장을 밝히고 있다. 하지만 이런 개방의 입장에 대해 일본의 농민운동 단체들은 국민의 식량과 건강의 차원으로 해석하고 있다.

일본의 농민운동 단체인 농민련은 농민운동의 대표적인 성과(≪農民≫, 2010.6.21)로 한국산 쌀 수입 저지 운동을 예로 들었다. 1984년 나카소네 내각은 쌀 부족을 이유로 한국에서 15만 톤의 쌀을 긴급 수입한 적이 있었다. 당시 일본 농협은 일본 정부의 한국산 쌀 수입 계획을 반대했다고 한다. 일본 전국농업협동조합 중앙회 회장은 한국산 쌀 수입 계획을 취소하라고 요구했다. 일본의 쌀이 부족한 것은 일본 정부의 관리 부실이기 때문이며 한국으로부터의 쌀 수입 계획은 계속되고 있는 기상 악화

그림 4-1 _ 한국산 쌀 수입을 반대하는 1984년의 해상 시위

와 싸우고 있는 일본 농민들로서는 받아들 수 없다고 주장(≪매일경제≫, 1984.6.14)했다. 당시 일본 사회당은 "식량 정책의 근본적인 전환을 꾀하기 위해 전국적인 운동"을 전개(≪매일경제≫, 1984.6.22)하겠다고 했다. 이때 요코하마의 항만 노동자는 "일본 주식主食을 지키자고 해상 시위를 계획했으며, 그때 쌀값 투쟁을 위해 동북 지방의 농민이 합류해 7월 25일, 노동자와 농민의 역사적인 해상 공동 시위가 벌어졌다. 선상에서 단단히 손을 잡고 노동자와 농민이 함께했다. 노동조합이 농민운동 단체와 연대해 활동했는데, 항만 노동자는 배에 익숙하지 않은 농민이 바다에 떨어지지 않도록 밧줄을 치고 시위를 성공시켰다. 이를 계기로 "농민이 항구에 있습니다. 미국만이 아니다. 수입되는 농산물에 대해 국민에게 알리자"고 항구에서 대대적으로 시위를 했다. "안전하고 안심할 수 있는 식품은 일본의 땅에서"라는 여론을 형성하는 데 큰 역할(≪農民≫, 2010.6.21)을 했다. 우루과이 라운드 이후에는 한국과 연대하는 상황이

그림 4-2 _ **농업 개방 반대
운동**

있었지만 일본에서는 식민지 이래 식량 안정을 위해 저가의 한국 쌀을
수입해왔기 때문에 한국의 쌀 생산자와 일본의 쌀 생산자는 일종의 경
쟁적 관계이기도 했다. 이런 복합적 상황은 지역 내에서 농민의 국제 연
대를 구축하는 데 어려움으로 작용했을 것이다.

농업 영역의 반세계화 운동이 고조되고 농민운동이 각 국가별로 유사
한 문제를 경험하고 있다고 해서 바로 각국의 농민들이 연대의 관계를 구
축할 수 있는 것은 아니었다. 앞의 사례에서 볼 수 있듯이, 일본의 농민들
의 경우에는 저가의 한국 쌀 수입을 반대하기도 했다. 이런 과정에서 한
국은 연대의 세력이 아니라 일종의 농업시장의 경쟁 대상으로 인식되었
다. 농민운동의 과정을 유사한 문제를 가진 주체들이 참여하는 것으로
생각하기 쉽지만, 농민운동의 참여자와 구성원의 이데올로기, 지향, 이
해관계는 모두 상이(Edelman, 2003)하다. 하지만 일본과 한국의 농민들은
WTO 체제의 출발과 미국산 쌀시장의 개방이라는 공동의 과제가 등장하

고, 동아시아 지역 내 국가 간의 경쟁이 아닌 상황에 처하게 되면서 국제 연대를 할 수 있게 되었다.

연대는 우선 농민들의 기층 조직보다 준공식 조직에서부터 시작된 것으로 보인다. 한국과 일본, 타이완 3개국 농민 대표들은 우루과이 라운드 협정이 각국의 쌀 등 주식 자급 노력을 인정하는 것이라야만 한다고 합의하고, 지금까지의 쌀 수입 반대 정책의 변경은 용납하지 않을 것이라고 선언했다. 한호선 한국 농협중앙회장과 호리우치 미쓰구堀內巳次 일본 농협중앙회장, 그리고 우밍친吳明進 타이완 농협회장은 이날 도쿄에서 합동 대책 회의를 가진 뒤 기자회견을 갖고 쌀 시장 개방을 요구에 반대하는 공동 성명을 발표했다. 한 회장은 농업이 현재 구조 개편 과정에 있다고 지적하면서, 오는 2000년 이후에는 쌀 시장을 개방하기 시작할 수 있다고 말했다. 호리우치 회장은 쌀이 일본의 주식임을 강조하고 모든 나라들은 안보상의 목적으로 식량에 대한 적절한 수준을 유지해야 한다고 주장했다. 이 3개국 대표들은 1990년 12월 3일 우루과이 라운드 최종 회담에 맞춰 브뤼셀에서 열리는 세계농민 항의 대회에 참가(《경향신문》, 1990.11.29)했다.

이런 방식으로 각국의 농협 차원에서도 공동 행동을 도모했다. 농협은 일반 농민운동 단체에 비해 비교적 보수적인 성격을 갖고 있지만, 이런 반관반민의 단체조차도 연대를 도모할 수밖에 없는 절박한 상황이었다. 일본과 한국에서는 농협 단위의 국제 조직의 국제 연대뿐만 아니라 농민 단체 단위의 민중 연대도 활발히 이루어진 것으로 보인다. 일본의 농민 단체에서 주최한 토론회에서 한국 전농의 농민이 참가해서 한국 농업의 현황과 WTO 반대 운동(劉相郁氏, 2000.3)에 대해 소개하기도 했다. 농업 개방의 압력이 강화되면서 기존의 조직화된 기층 농민 단체들은 다양한 방식으로 연대를 하고 교류를 했다.

한국과 일본의 농민운동 단체들은 WTO에 대한 인식을 공유했다. 특히 한국의 강력한 반대 투쟁을 일종의 역할 모델처럼 바라보는 시각이 있었다. "우리는 WTO는 선진국, 특히 미국의 합법적인 부의 독점을 위한 기구라고 인식하고 있습니다. WTO는 겉으로는 차별 없는 무역, 더 자유로운 무역 등을 원칙으로 하고 있습니다만, 우리는 이것을 믿지 않고 반대하는 입장을 취하고 있습니다. WTO의 핵심 목표는 미국을 중심으로 한 선진국들이 무역을 통해 합법적으로 세계의 부를 독점하는 것이며, 제3세계의 민중을 억압하고 착취하고 수탈하는 것입니다"(劉相郁氏, 2000.3)라고 밝히며 한국과의 연대를 강조했다. 특히 한국에서 WTO 반대 투쟁이 강력히 진행되었기에 이런 경험을 공유하고 연대하고자 했다. 이에 일본 농민운동의 현장에서 "국제 연대의 힘으로 WTO를 침몰시키자"라는 구호가 등장하기도 했다. 한편 한국의 강력한 모델을 학습하기 위한 시도들도 있었다.

다음은 한국에서 WTO 반대 투쟁이 어떻게 이루어지고 있는가 하는 것입니다만, 한국에는 '투자 협정·WTO 반대 국민 행동'이라는 연대 조직이 있습니다. 여기에는 농업 단체와 노동 단체 등 다양한 단체가 가맹하고 다양한 워크숍과 세미나를 수시로 개최하고 있습니다. 강조하고 싶은 것은 국제 연대입니다. '우물 안 개구리'가 되지 않고 전 세계의 농민과 힘을 모아 WTO를 침몰시키기 위해서는 아무래도 국제 연대가 필요합니다. 한국의 농업은 WTO 협상에서 선진국 수준의 관세 인하를 강요당해서 수입 농산물이 국내 시장에 퇴출되면 그야말로 비참한 붕괴를 맞이할 수밖에 없다고 생각합니다. 바로 운명을 걸고 승부를 걸 수밖에 없는 현실입니다. WTO 등 신자유주의 정책, 세계화 속에서 한국 농업은 더할 나위 없는 고통을 겪고 있습니다. 일본의 농민, 농민 단체 여러분, 세계 농민, 또한 진보적인 단체와 힘을 합쳐 기필코 승리를 이루고 싶습니다(劉相郁氏, 2004).

점차적으로 이런 문제가 한국 농민이나 일본 농민만의 문제나 또는 민족 단위만의 문제가 아니라, 전 세계적인 차원의 문제라는 인식이 동아시아에서 발생하고 확산되어갔다. 그리고 이런 문제의 배후에는 신자유주의 정책에 의한 고통이라는 각성이 등장하며, 농민운동 안에서 자연스럽게 세계시민으로서의 인식이 발생했다. 농민들은 '우물 안 개구리'가 아니라 전 세계적인 농민들의 연대가 필요한 절박한 상황이라는 것을 인식하기 시작했다.

각국의 상이한 상황에도 불구하고 한국·일본·타이완의 다양한 농민 단체들의 연대가 시작되었다. 대표적으로 각국의 농협을 중심으로 한 협의체가 있었다. 한국·일본·타이완 3개국 농협은 극동농협협력위원회를 구성해 선진국의 농산물 수입 개방 압력에 공동으로 대처했다. 농산물 수입 자유화에 효율적으로 대응하기 위해 3국이 공동 조치, 농협 업무에 관한 기술적·경제적 협력을 강화하는 한편 국제 협동조합 운동 발전을 위해 공동 노력을 했다. 이후 이런 국제적 연대의 활동들은 비아 캄페시나[3]에 참여하고, 아시아농민연합 등 다양한 연대 활동으로 발전했다.

2) 한국 농민운동의 세계 농민 운동·반세계화 운동에의 영향

국제 농민운동과 국제 연대에서의 한국 농민운동의 대표적인 활약으로는 2003년 멕시코 칸쿤에서의 이경해 농민의 자살과 2005년 홍콩에서의 시위 현장이 있다. 농민운동사(Borras, Edelman and Kay, 2008) 연구에서도 역시 이것이 세계 농민운동의 역사에서 가장 극적인 한 장면이라고 말한 바 있다. 한국의 농업 개방이 본격화되면서 한국의 농민들은 전 세계 각지의 반세계화 운동의 전선에 참여했는데, 이는 홍콩의 사회운동에 아직까지도 영향을 주고 있다고 평가(≪大學線≫, 2014.12.16)되고 있다. 해외에서 한국의 민주주의에 대한 대표적인 직접행동의 사례 중 하나는 반세계화 운동에서 보인 강력한 농민운동의 조직력과 단결력이었다고 볼 수 있다. 이경해는 "지금 인류는 극소수 강대국과 그 대리인인 세계무역기구와 이를 돕는 국제기금, 그리고 다국적 기업의 상업적 로비에 의해 주도되고 있는 반인류적이고 농민 말살적인, 반환경적이고

---

3 '비아 캄페시나'(국제 농민운동 단체) : 1993년 설립, 농민운동단체, 신자유주의 반대, 식량주권, 생태 농업 등을 강조하는 아시아 연대였다. 2000년대에는 한국, 필리핀, 인도네시아, 일본, 말레이시아 5개국의 농민 간 교환 방문 프로그램 등이 있다. 또한 한일 FTA 체결 시에도 관련 단체들은 연대해서 반대를 했다.

비민주적인 세계화의 위험에 빠져 있다. 즉시 이를 중단시켜야 하며 그렇지 않으면 세계 각지의 다양한 농업이 말살될 것"이며 "우루과이 라운드는 몇몇 야망에 찬 정치 집단들이 다국적 기업과 외눈박이 학자인 체하는 자들과 동조해 자기들의 골치 아픈 농업 문제를 다른 나라에 떠넘긴 한 판 사기 게임에 지나지 않는다. 농업을 WTO에서 제외시켜라"고 주장(≪중앙일보≫, 2003.9.12)했다. 2005년 홍콩에서 전여농의 이혜자 정책위원장은 다음과 같이 말했다.

　　15년 동안 농사를 짓다가 올라왔으며 15년 농사를 지은 대가는 1억이 넘는 농가 부채였다며 우리 농민들의 처지와 현실을 개탄했다. 더구나 이제 WTO 쌀 개방 이후 우리 농민들은 당장 내년엔 어떤 농사를 지어야 할지 막막하다며 한국은 현재 농본기임에도 불구하고 1300여 명의 농민들이 일손을 놓고 홍콩으로 찾아왔다. 1997년 IMF를 맞이한 한국 사회는 지금까지 그때의 충격에서 벗어나지 못하고 있다. 계속되는 빈익빈 부익부로 실업이 늘어나고 있으며 국민 총소득은 지난 3년간 성장을 멈추고 있다며 그 원인은 초국적 자본이 한국 경제 육성을 통한 이윤 창출이 아닌 대규모 구조 조정이라는 수탈 구조를 통해 노동자들을 거리로 내몰아버리고 있기 때문입니다. 현재 한국 사회는 극심한 양극화 현상이 나타나고 있으며 이는 한국의 상황뿐만 아니라 WTO 신자유주의로 인한 세계 민중의 현실입니다. 그래서 우리는 국제 연대를 통해 이 문제를 해결하려 하고 있습니다(≪중앙일보≫, 2003.9.12).

이렇듯 민족경제의 시각에서 이 문제를 바라보던 농민들은 국제 연대의 중요성을 인식하고 좀 더 적극적으로 국제 연대를 전개하며 세계시민으로서 역할을 하기 시작했다.

한국의 농민 단체들은 2005년 12월 13일부터 18일까지 홍콩에서 개최되는 제6차 WTO 각료 회의에 2000여 명의 투쟁단을 파견, 농업·농촌 보호와 농민 생존권 및 식량 주권을 지키기 위한 강력한 투쟁을 펼쳤다. 한농연과 전농 등의 농민 단체들은 'WTO 홍콩 각료 회의 저지를 위한 한국 농민 투쟁단'을 공동으로 구성해서 홍콩 현지에서 한국 농민 결의대회 등을 펼쳤다. 강민수 전국농민연대 사무국장은 "농민 단체들은 전 세계 농민 진영과의 연대 투쟁을 통한 홍콩 각료 회의의 무산을 투쟁의 목표로 정했다"면서 "WTO에서 농업 부문을 제외하고, 각국의 주곡에 대해서는 WTO 협상에서 제외할 것을 주문하고 이를 얻어낼 것"이라고 강조했다. 농민 단체에 따르면 그 당시에 전농 1300여 명, 한농연 150여 명, 전여농 150여 명, 가농 100여 명, WTO국민연대 100여 명 등 2000여 명이 농민투쟁단에 참여키로 한 것으로 알려졌다(≪聚言時報≫, 2015.4). 홍콩 투쟁단 1500여 명은 오전 10시 "한국 민중 투쟁단 발대식"을 시작으로 18일까지 5박 6일 간 '비폭력 평화 투쟁'을 원칙으로 시위를 했다. "무엇보다 이번 투쟁을 통해 신자유주의 세계화를 막아내기 위해 세계 민중들과 함께 연대 투쟁을 힘차게 벌여갈 것이며 성과 있는 결실을 가지고 돌아갈 것이라고 밝혔다(≪매일노동뉴스≫, 2004.9.9).

세계무역기구WTO 여섯 번 장관급 회의가 어제 홍콩의 완쯔 엑스포 센터에서 열렸다. 타이완·필리핀·남한 등의 시위자들은 잇달아 걸으면서 거리에서 하루 종일 시위는 계속되었다. 남한 시위자들은 감정이 격해져서 대줄·물병 공격으로 인해 경찰과 충돌했다. 약 70명이 체포되었다. 어제 아침 필리핀 등 동남아 지역에서 온 300명의 어부가 바다 위에서 진행하는 해상 시위였다. 그들은 두 척의 배를 타고 침사추이 尖沙咀 부두를 출발해 해상에서 시위를 했다. 전람 센터 근처 바다에서 먼저 구호를 외치며 네 차례 물에 뛰어들며 항의를 했다. 세계 무역 자유화에 반대하는 어부들은 세계화의 가장 주변부에 있었다. 시위 군중은 WTO로 인한 불공평한 무역에 반대했다. 남한 농민들은 가장 강력한 조직력을 가지고 시위를 이끌고 있었다(≪聯合報≫, 2005.12.1).

(한국의 농민들은) 시위 행렬을 하다 말고, 음악, 무용 등을 한다. 시위대가 음악에 맞추어 징과 북으로 꽹과리를 친다. 한국의 전통춤을 추면서 시위를 한다. 모든 사람들이 음악을 틀고 노래를 부르며 시위를 하고 있다. 각종 구호를 하면서 사람들이 시위에 활발히 참여한다. 시위는 일종의 축제처럼 상호 작용이 있었다(≪聚言時報≫, 2015.4).

이런 한국 농민의 시위는 홍콩 시민들에게 상당한 인상을 남긴 것으로 보인다. 홍콩에서는 이전까지 별다른 시위 문화가 없었는데 한국 농민의 활발한 시위 모습은 홍콩의 시위 문화에 상당한 영향을 남겼다. 소몰이 시위에서부터 등장한 활기찬 시위 방식은 홍콩의 시민사회 및 사회운동 진영과 시위 문화에도 영향을 주었다고 한다.

일본농민운동JFFM(Japan Family Farmers Movement)의 사토시 네모토根本知 회장은 WTO로 인해 식량과 농업에서 내몰리고 있는 농민들의 피맺힌 한을 설명했다.

한국도 마찬가지겠지만 일본 농민들이 정말 살기 힘들어지고 있습니다. 폭 넓고 깊은 교류를 하고 싶습니다. 한국 농민들과 똑같은 아픔과 슬픔을 느끼고 있기 때문입니다. 지금 한국이 가장 많은 인원을 대동해왔지만 일본도 숨은 열정은 똑같다고 생각합니다. 연대가 필요합니다. 많은 이야기를 하고 싶습니다. 어렵지 않을 것으로 봅니다. 현재 한일 간에 충돌이 심한 야스쿠니 문제에 대한 한국인의 기분을 알 것 같습니다. 새로운 것을 일궈내는 것은 어렵지만 상호 협조와 한마음 한뜻이 오늘처럼 한데 어우러진다면 쉽게 해낼 수 있을 것이라 봅니다(≪민중의 소리≫, 2015.12.14).

농민들은 국가와 민족에 관계없이 자유무역이 고조되어가는 상황에서 농민으로서 동일한 고통을 겪고 있다는 문제의식을 갖기 시작했으며, 이로 인해 연대에 대한 열망은 각국에서 강화되었다. 특히 한국 농민의 강력한 조직력과 시위는 다른 국가의 농민운동 단체에게 깊은 인상을 남겼다. 또한 한국 농민운동의 활기와 열정으로 인해 야스쿠니 신사 문제 등 각국의 민족주의적 감정을 넘어 새로운 공감과 연대의 가능성이 싹트고 있었다. 그래서 한국의 농민운동은 초국적 농민운동 영역에서 가장 드라마틱한 기억의 한 장면으로 남아 있다(Boras and Edelman and Kay,

2008). 이는 한국의 농민운동이 민족주의를 넘어 세계시민의 운동으로 자리매김되었다는 것을 알려주는 한 사례라고 볼 수 있다.

4. 맺음말

한국 사회에서 흔히 신자유주의나 세계화의 확장이 90년대 이후 시작되었다고 하지만 농업영역에서 세계화의 영향은 70년대 말부터 시작되었다. 품종개방, 쌀시장 개방 압력으로 인해 농민들은 고도경제 성장에서 가장 소외받는 위치에 있었다. 또한 이는 전후 사회에서 농업보호주의 정책에 기반해 사회를 관리하던 방식과는 근본적으로 다른 산업구조, 사회구조로 나아가는 단계였다. 가장 우선적으로 세계화의 압력에 노출된 동아시아의 농민들은 시장개방이라는 국제화의 압력에 저항하기 위해 지역 내에서의 국제 연대를 모색할 수밖에 없었다. 이 과정에서 동아시아의 농민들은 때로는 경쟁자적 위치에 서기도 했지만, 때로는 서로 운동의 전략과 전술을 공유하며 연대를 지속해갔다. 국제 연대는 서구의 지원하에서 형성되기도 하지만, 동아시아 지역 내에서 공통의 문제가 발생해서 이에 대처하기 위하여 형성되기도 한다. 하지만 동아시아의 급속한 경제 발전과정에서 농업과 농민의 비중은 점차적으로 축소될 수밖에 없었고 농민운동과 국제 연대 역시 약화되었다.

산업구조의 기반이 제조업과 서비스 산업으로 급속히 전환되어가며, 각국의 농업의 구조 역시 변화했다. 점차로 시장화된 농업과는 별개로,

사회운동 영역에서의 농업은 농업의 시장적 가치보다는 농업의 생태적 가치 등 고유의 가치를 추구하는 경향으로 변화해가고 있다. 동아시아 각국에서는 이런 논리들을 먹을거리 안전, 신토불이, 자국 농업의 일종의 우위에 대한 담론으로 발전시키고 있으며 이에는 일종의 환경·생태 민족주의적 측면이 내재해있다. 다른 한편에서는 공정무역 fair trade에 대한 관심을 확산하면서 세계시민적 농민운동과 국제 연대의 가능성을 모색하고 있기도 하다. 국제 연대에 기반을 둔 농민운동은 민족주의와 세계시민주의 사이의 균형, 농업의 새로운 가치 창출에 대해 지속적으로 고민해야 할 것이다. 생태위기, 환경문제, 먹을거리에 대한 불안이 증가하고 있는 상황에서 농업이 갖고 있는 산업적 가치가 아니라 생태적·문화적 가치 등에 대한 관심을 제고하고 이를 위한 다양한 세계시민적 실천을 창출해야 한다.

그래서 이후의 국가 단위의 농민운동과 국제적 농민운동에게는 자유무역과 경제 우월주의와는 다른 가치체계를 구축하고 이를 지속할 수 있을지, 그리고 민족주의와 세계시민주의 사이의 균형을 어떻게 찾을 수 있을지, 그리고 이런 가치를 기반으로 어떻게 연대의 조직을 만들어나갈지가 핵심적인 과제로 놓여 있다.

참고문헌

공석기. 2014. 「밥과 인권의 만남: 한국 농민운동의 초국적 전략」. ≪국제개발협력연구≫, 25호 6권, 73~97쪽.

권영근. 2006. 「해방 후 농민운동의 전개와 성격」. ≪내일을 여는 역사≫, 23호, 69~86쪽.

김승오. 1993. 「가톨릭 농민회와 생명 공동체 운동」. ≪가톨릭 신학과 사상≫, 9호, 157~175쪽.

김철규. 1997. 「한국 농민운동 전개과정과 운동담론의 변화」. ≪경제와사회≫, 34호, 67~90쪽.

민주화추진협의회. 1988. ≪민추사≫. 민추사.

박연섭. 1986. 「80년대 농민운동의 비판적 고찰」. 『해방 40년의 재인식』 2, 283~310쪽. 돌베개.

박정근. 2006. 「한국 농업 100년: 농업 경제/농촌 사회/ 농업 정책」. ≪한국농업 근현대화 100년 기념 농업과학 심포지엄 자료집≫.

서경원. 2003. 「잃어버린 진실: 함평 고구마 사건 - 농민운동의 고뇌와 희망」. ≪기억과 전망≫, 3호, 215~229쪽.

윤수종. 1997. 「농민운동의 전개와 새로운 과제」. ≪농민과사회≫, 15권, 34~46쪽.

_____. 2010. 「1970년대 이후 주류 농민운동의 형성과 도전」. ≪농촌사회≫, 20집 1호, 47~48쪽.

이우재. 1991. 『한국농민운동사연구』. 한울.

이창한. 2011. 「기억과 증언: 1970~80년대의 농민운동과 "전국농민회총연맹" 창립」. ≪기억과 전망≫, 24호, 302쪽.

_____. 2012. 「새로운 사회체제를 위한 농민운동의 전망과 과제」. ≪내일을 여는 역사≫, 46호, 100~113쪽.

이호철·김종헌. 1997. 「안동가톨릭 농민회 농민운동사 연구. 1976~1994」. ≪농촌사회≫, 7호, 117~162쪽.

장상환. 2000. 「농지개혁과 한국자본주의 발전」. ≪경제발전연구≫, 6권 1호, 141~176쪽.

_____. 2010. 「해방과 전쟁, 그리고 전쟁 이후의 농민운동」. ≪농촌사회≫, 20집 1호, 7~46쪽.

정명채 외. 1995. ≪주요 농민운동단체의 형성과 전개과정≫, 한국농촌경제연구원.

정호경. 1984. 「현대 한국 천주교회와 농민운동: 한국가톨릭농민회의 활동을 중심으로」. 한국천주교회창설이백주년기념 『한국교회사논문집 I 』. 한국교회사연구소.

한경구. 1998. 「쌀과 민족주의: 국경을 넘어서」. ≪쌀·삶·문명 연구≫, 1권, 238~249쪽.

한국가톨릭농민회 엮음. 1999. 『한국가톨릭농민회 30년사』. 한국가톨릭농민회.

한국농업경영인중앙연합회. 2007. 「한농연 격동의 20년: 제4부 "WTO Kills Farmers" 세계화에 희생된 뛰어난 농민 이경해」. ≪한농연≫, 66호, 24~27쪽.

≪경향신문≫. 1990.11.29. "쌀개방반대 공동성명/한일대만 농민대표", 7면.

국가기록원. 1993.12.9. "쌀 개방 특별 담화". http://theme.archives.go.kr/viewer/common/archWebViewer.do?singleData=Y&archiveEventId=0050752312 (검색일 2018.8.1).

≪매일경제≫. 1984.6.14. "일농협, 항의운동준비 대한쌀수입중지요구".

≪매일경제≫. 1984.6.22. "일사회당 한국쌀 현물도입 반대".

≪매일노동뉴스≫. 2004.9.9. "전 세계 민중의 힘으로 '쌀 개방' 막아내자". http://www.labortoday.co.kr/news/articleView.html?idxno=42610(검색일: 2018.3.1).

≪민중의 소리≫. 2015.12.14. "일본농민운동 사토시 네모토 회장". http://www.vop.co.kr/A00000034093.html(검색일: 2018.3.1).

이재봉. 2015.6.23. "1300만 명이 반대한 쌀 시장 개방…말 바꾼 김영삼[문학예술 속의 반미] 문민정부 출범과 정치문화의 변화 그리고 반미". ≪프레시안≫. http://www.pressian.com/news/article.html?no=127514(검색일 2018.8.1).

≪중앙일보≫. 2003.9.12. "이경해씨, 3월 WTO에 '진실을 말하라' 서한". http://news.joins.com/article/226475(검색일: 2018.3.1).

최용탁. 2016.6.26. "농민운동 현장을 찾아서 80년대 농민대투쟁이 시작되다. 소몰이 투쟁의 전개". ≪한국농정신문≫. http://www.ikpnews.net/news/articleView.html?idxno =25398(검색일: 2018.3.1)

_____. 2016.3.13. "우루과이라운드 반대 투쟁". ≪한국농정신문≫. http://www.ikpnews.net/news/articleView.html?idxno=26022(검색일: 2018.8.1).

≪한겨레≫. 1988.12.7. "개방 뒤 미농산물이 내수 50% 잠식 한국에 온 타이완농민연대 대표단 인터뷰".

한국가톨릭농민회. 1984.8.21. "일본제국주의와 민족분단의 가장 직접적인 피해자는 농민이다". http://archives.kdemo.or.kr/isad/view/00213895(검색일: 2018.8.1).

_____. 1986.4.1. "현 정권은 농민의 죽음을 보상하라". http://archives.kdemo.or.kr/isad/view/00484451(검색일 2018.8.1).

Borras. M., Jr. S. and Edelman M. and Kay C. 2008. "Transnational Agrarian Movements: Origins and Politics." Borras. M. Jr. S. and Edelman. M. and Kay. C(eds.). *Transnational Agrarian Movements Confronting Globalization*. West Sussex: Wiley-Blackwell. pp.1~36.

Edelman. 2003 "Transnational Peasant and Farmer Movements and Networks." in Helmut Anheier and Marlies Glasius and Mary Kaldor(eds). *Global Civil Society*. London: Oxford University Press.

Hobsbawm, Eric. 1990. "Goodbye To All That." *MARXISM TODAY OCTOBER*. pp.18~23.

Ohnuki-Tierney. 1993. *Emiko, Rice as Self : Japanese Identities through Time*. Princeton: Princeton University Press.

Spaulding, RM. 2009. "Agricultural Statecraft in the Cold War: a Case Study of Poland and the West from 1945 to 1957." *Agric Hist*, Vol.83, No.1, pp.5~28.

Sanger. 1993. 12.8. "Japanese Reluctantly Agree to Open Rice Market." *New York Times*. https://www.nytimes.com/1993/12/08/business/japanese-reluctantly-agree-to- open-rice-market.html(검색일: 2018.3.1).

蕭新煌. 1990. 「一九八0年代末期台灣農民運動」. ≪事實與解釋.中央研究院民族學研究所集刊≫, 70號, pp.67~94.

劉相郁氏. 2004. "韓國の農業の現狀とＷＴＯ反対の運動韓國・全國農民會總聯盟". http://www.nouminren.ne.jp/dat/200003/2000030605.htm

林士淸. 2015.5.21. "反思520農民運動: 台灣農業政策的未竟之功." ≪新公民議會≫. http:// newcongress.tw/?p=3757(검색일: 2018.3.1).

細川護熙. 1993. "ウルグアイ・ラウンド農業交渉に関する記者会見における細川内閣総理大臣の冒頭発." ≪日米関係資料集≫, 1945-97, 1256~1259頁. http://worldjpn.grips.ac.jp/documents/texts/JPUS/19931214.S2J.html(검색일: 2018.3.1).

劉相郁氏. 2000.3. "韓國の農業の現狀とＷＴＯ反對の運動". http://www.nouminren.ne.jp/dat/200003/2000030605.htm#01(검색일: 2018.3.1).

≪農民≫. 2010.6.21. "國民の食料と健康守る20年のあゆみ." http://www.nouminren. ne.jp/dat/201006/2010062117.htm(검색일: 2018.3.1).

≪大學線≫. 2014.12.16. "韓農反世貿示威 撤抗爭文化種子." http://ubeat.com.cuhk. edu.hk/%E9%9F%93%E8%BE%B2%E5%8F%8D%E4%B8%96%E8%B2%BF% E7%A4%BA%E5%A8%81-%E6%92%92%E6%8A%97%E7%88%AD%E6%96%8 7%E5%8C%96%E7%A8%AE%E5%AD%90/(검색일: 2018.3.1).

≪聚言時報(Polymer)≫. 2015.4. "韓農給港人上的抗爭啟蒙課." http://polymerhk.com/articles/2015/07/04/17846/(검색일: 2018.3.1).

≪聯合報≫. 2005.12.1. "4000人聚港示威 衝突整天." http://www.tiwa.org.tw/%E6% 96%B0%E8%81%9E-%E5%8F%8Dwto-%E3%80%8B4000%E4%BA%BA%E8% 81%9A%E6%B8%AF%E7%A4%BA%E5%A8%81-%E8%A1%9D%E7%AA%81% E6%95%B4%E5%A4%A9/(검색일: 2018.3.1).

5장

결론

정근식(서울대학교 사회학과)

세계사적 관점에서 아시아 민주주의에 대한 견해는 여전히 분분하다. 영국의 경제 분석 전문 기관 이코노미스트 인텔리전스 유닛 EIU (Economist Intelligence Unit)은 전 세계를 7개 권역으로 나누어 민주주의의 수준을 평가하는데, 「2017 민주주의 지수 2017 Democracy Index」에 따르면, 아시아-태평양 지역의 민주주의는 5.63점으로 꼴찌를 기록했다. 그러나 동북아시아 국가들은 중국을 제외하면, 한국 20위, 일본 23위, 타이완 33위를 기록하며 완전한 full, 혹은 흠결이 약간 있는 flawed 민주주의 국가로 평가되었다. 한국이 일본보다 상위에 오른 것은 의외라고 할 수 있지만, 동북아시아의 민주주의는 다른 아시아 지역과 구별된다.

스웨덴의 예테보리 대학의 민주주의 다양성 연구소 The V-Dem Institute 가 발표한 자유민주주의 지수에 따르면, 일본의 민주주의는 1950년대

표 5-1_ 자유민주주의 지수

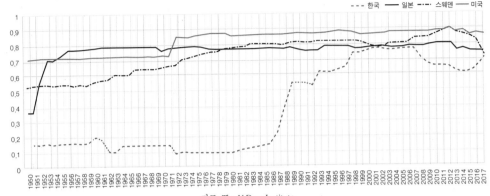

자료: The V-Dem Institute

초반에 이행을 경험한 반면, 한국은 이로부터 30년이 지난 1980년대 후반에 이행을 경험했다. 한국의 민주주의는 1970년대에 최저 수준이었다가 1980년대 후반의 이행기를 거쳐 2000년대에 상층에 이르렀다. 2010년대 초중반에 다시 후퇴하다가 최근에 다시 상승했는데, 이것은 누구나 알다시피 '촛불혁명'과 그에 따른 정권 교체 때문이었다.

  그동안 급속히 발전한 동북아시아의 민주주의에 대한 연구들은 상당히 축적되었다. 유사한 상황에 처했던 한국과 타이완의 경우, 민주화의 역사를 설명하는 연구들 대부분은 일국적 차원의 민주화운동과 내재적·정치적 변동에 주목해왔다. 좀 더 진전된 비교 연구들은 정당 정치, 경제 정책, 사회복지, 정체성의 측면을 다루었지만, 좀 더 거시적인 지역체제론의 시각에서 이를 분석하는 연구, 민주주의의 전파나 확산, 연대 등에 초점을 둔 연구는 매우 드물었다. 특히 냉전·분단 체제의 변동이라는 구조적 변수와 국제 연대의 상호 관계는 거의 다뤄지지 않은 것이 사실이다.

한국에서 이 문제는 민주화운동기념사업회의 설립 이후 조명되기 시작했다. 이들은 2002년 설립 이후 민주화에 기여한 해외 인사들을 기억하고 이들을 초청하는 사업을 하면서 1970년대와 1980년대 민주화운동에서의 국제 연대를 정리했다(스텐츨, 2007). 또한 아시아 민주주의 발전을 위한 한국의 역할과 국제협력 기구에 대해 관심을 표명했다(이정옥, 2010). 2015년에는 해외 민주 인사들에 대한 구술 채록 사업을 시행했고, 2017년에는 6·10 민주항쟁 30주년 기념 특별 사업으로 '한국의 민주주의 발전과 아시아 민주주의 확산과 연대'를 주제로 연구 사업을 수행하면서, 타이완 타이난 성공대학과의 워크숍을 비롯해 2015년 노벨 평화상 수상자를 초청해 강연회를 개최하기도 했다.

한국이 비교적 성공적인 민주화 모델을 만들 수 있었던 것은 민주화운동에 헌신했던 주체들과 이들을 적극적으로 도운 국내에서 활동한 외국인, 해외에서 활동한 한국인, 국제기구의 관심이 잘 맞아떨어졌기 때문이다.

국제 연대는 여러 나라의 행위자들이 공동의 목표와 과제를 인식하고 이를 위해 함께 대응하는 것이지만, 국제 사회는 민주주의나 경제 발전의 수준이나 발전 속도가 상이하기 때문에 필연적으로 도움을 받는 소극적 위치와 도움을 주는 능동적 위치로 분화된다. 한국에서 민주주의를 위한 국제 연대는 과거에는 주로 도움을 받는 것을 의미했지만, 최근에는 민주주의를 충분히 성취하지 못한 국가들을 지원하는 것으로 변화되었다.

국제 연대는 한 국가 내에서 자국 국민과 외국인 사이의 협력을 의미하기도 하고, 서로 다른 국가의 사회단체나 기구들의 협력을 의미하기도 한다. 국제 연대의 주요 행위자는 국가, 비정부 기구와 단체, 다양한 개인들이다. 이들은 국내에서 활동하는 외국인 네트워크, 해외에서 활동하는 한국인 네트워크, 해외 교포 네트워크, 국제기구(정부 기구, 비정부 기구) 등 다양한 네트워크를 구성한다. 이들은 종교적 사명이나 정치적·이념적 동지 의식으로 묶여 있고, 특정 정치적 사건을 계기로 연결되기도 한다. 여기에 참여하는 행위자들은 원래 선교사, 언론인, 법률가, 국제기구 활동가들이 많은데, 이들은 서로 연결되는 과정에서 후원자 patronage, 연결꾼 brokerage 또는 변호인 advocacy 등의 역할을 한다.

국제 연대는 초국적 사회운동론, 세계체제론, 국제 정치경제학 등 다양한 시각에서 분석될 수 있다. 민주화를 위한 '정치적 기회구조'는 일국 내에서뿐 아니라 세계 또는 지역 체제의 수준에서도 작동하는 것으로 보아야 한다. 국제 연대는 필연적으로 세계적 냉전 체제와 그것이 해체된 신자유주의적 세계 체제에서 그 양상이 근본적으로 달라지는 것으로 보인다. 냉전 체제하에서는 사회주의 '형제국가' 연대와 자본주의 '자유 연대'로 명확히 구분되었고, 여기에서 민주주의는 연대에 중요한 명분을 제공했다. 사회주의 세계와는 달리 이른바 자본주의 세계에서의 국제 연대는 서구적 헤게모니의 영향, 특히 미국의 세계 전략이나 유럽 사회 정책의 영향 아래에서 성장했다. 식민지 통치를 경험한 신생 국가가 민주주의 국가로 성장하고 나아가 사회 민주화를 이룬다는 것은 아래로부터의 민주화운동, 위로부터의 포용과 통합 정책, 외부로부터의 지원과 압력이라는 복합적 과정을 의미한다.

엄혹한 냉전·분단 체제하에서 한국의 민주화를 위한 에너지가 어떻게 성장했는가, 민주화운동을 구성하는 학생운동, 종교운동, 노동운동, 농민운동, 여성운동들이 어떻게 내적으로 연결되고 외적으로 연대를 형성했는가? 그 과정에서 외국인들이 어떻게 한국의 민주화운동을 지원했는가, 노동운동과 농민운동의 영역에서 국제적 연대는 어떻게 형성되고 발전했는가?

한국의 민주화 과정에서 국제 연대는 1945년 이후의 세계질서를 창출한 미국과 유럽의 종교적 휴머니즘을 배경으로 형성되었다. 한국에서 자유민주주의 원리에 입각한 정당정치와 법치주의, 보통선거의 원리는 1961년 군사 쿠데타에 의해 훼손되었다. 그러나 좀 더 구조적이고 사회적인 차원에서의 민주주의의 후퇴는 1960년대 후반의 3선개헌, 1970년대 초반의 10월 유신, 그리고 이어진 긴급조치들에 의해 발생했다.

민주화를 위한 국제 연대는 1960년대 후반부터 시작된 1970년대 말까지 극단적 억압 국면, 1980년부터 1987년까지의 이행 국면, 1988년부터 1998년까지 세계화 국면으로 구분된다. 1967년에 발생한 동베를린 사건이나 1969년의 3선개헌은 독재 정치의 도래를 알리는 징후였다. 한국에서 민주화를 위한 국제 연대의 최초의 움직임은 이 시기에 형성된 '50인 위원회'로 보인다. 페이 문Faye Moon의 회고(Moon, 2007)에 따르면 이 모임은 "도시 개발 지역에서 일하던 장로교 선교사 허브 화이트가 한미 관계에 대해 우려하고 있던 다른 선교사들과 상의하여" 만들어졌다. 화이트는 지역 조직 운동의 이론적 지도자 솔 앨린스키Saul Alinsky로부터 영향을 받았다고 한다. 1966년부터 한국에서 활동한 랜디 라이스

Randy Rice는 이 초기 모임의 성원을 「고립에서 연대로」에서 확인했다(라이스, 2007: 74~75). 미국 출신 선교사들이 주축을 이룬 이 모임은 2명의 대표자들을 선정해 1968년 2월 방한한 허버트 험프리Hubert Hunmphrey 부통령을 만났고, 미국 정부가 억압적인 박정희 정권을 지지하는 데 대해 우려를 표명했다.

또 하나의 국제 연대 흐름은 세계교회협회WCC(World Council of Churches)에 의해 형성되었다. 이들은 1968년 웁살라 총회를 계기로 세계의 사회 문제에 적극적으로 개입하면서 한국 교회와의 연대를 강화했다. 그런 가운데 도시 산업 선교 활동이 세계교회협의회를 중심으로 교회의 사회적 책임을 강조하는 흐름과 함께 강화되었다. 1969년 11월에 창설된 한국기독학생회총연맹KSCF은 그때까지의 국제 연대의 산물이자 이후 국제 연대의 중요한 통로였다. 이들은 한국의 현실에 맞게 학생 선교, 도시 산업 선교, 빈민 선교 활동을 발전시켰다. 아시아기독교회연합CCA(Christian Conference of Asia)에서 활동한 오재식의 역할도 중요했다. CCA는 도쿄를 통해 사회운동 모델과 자금을 지원하는 채널을 제공했다.

1972년의 '10월유신'은 민주주의의 결정적 후퇴이자 국제 연대의 본격적인 출발점이었다. 긴급조치를 통한 예외 상태의 일상화는 '민주 회복'을 내세운 민주화운동을 불러왔고, 동시에 독재정권을 지원하는 미국의 역할에 대한 한국 내 미국인들의 비판 의식을 고조시켰다. 이를 계기로 한국의 민주화운동에 대한 지원과 연대는 강화되었다.

국내 외국인들의 모임인 50인위원회가 월요 모임으로 전환되면서 다양해하고 구체적인 활동을 시작했다. 이 모임들은 미국과 캐나다뿐 아니라 독일, 벨기에, 오스트리아, 아일랜드, 이탈리아 등 다양한 국가 출신의 선교사와 수도사가 주축이 되었고, 선교가 영혼의 구원을 넘어 정의와 자유를 위한 투쟁에 동참하는 것으로 확장되어야 한다고 믿었다 (라이스, 2007: 77).

앞에서도 여러 번 언급되었듯이, 1973년 7월 김대중 납치 사건은 국제 연대의 새로운 계기가 되었다. 기독교계 인사들이 주축이 되어 한국민주회복통일촉진국민회의(한민통) 미주 본부를 결성했고, 일본에서도 이와 같은 조직이 만들어졌다. 한국기독교교회협의회는 한국의 정치 상황에 대해 아시아교회협의회와 세계교회협의회에 알렸고, 1973년 11월에 독일에서 개최된 한국 기독교인 수련회에서 재독 한인 목회자와 유학생, 독일 목사들이 한국의 독재를 규탄하는 성명서를 발표하기도 했다. 이를 계기로 당시 유럽에 거주하던 한국인들의 민주화운동이 1974년 독일에서 조직화되기 시작했다. 한국민주사회건설협의회가 이를 대표한다. 이들 중 일부가 캐나다로 이주하면서, 캐나다에서도 유사한 조직이 결성되었다. 1974년에 일어난 제2차 인혁당 사건은 냉전·분단 체제의 문제, 즉 안보를 내세운 극단적 인권 탄압을 여실히 보여주었다. 조지 오글 George E. Ogle 목사와 짐 시노트 James P. Sinnott 신부는 이 사건으로 한국에서 추방되었다.

1970년대 중반의 국제 연대는 국내의 한국기독교교회협의회, 한국기독학생회총연맹, 도시산업선교회, 한국교회여성연합회, YMCA 등의 기독교 네트워크와 외국인들의 월요모임의 협력, 일본의 아시아기독교연맹, 아시아행동단체, 일본기독교협의회, 동아시아기독교회의, 아시아

행동그룹을 위한 자유센터 네트워크(존스, 2007: 395), 그리고 린다 존스가 미국 시카고에서 1975년에 설립한 아시아교회인권위원회(스텐츨, 2007: 425)로 이어지는 연결망이었다.

1976년 「3·1 구국선언」을 계기로 해외 한국인들에 의한 국제 연대도 크게 강화되었다. 이들은 북미와 유럽, 일본을 망라하며 1977년 민주민족통일해외한국인연합을 결성했다. 이들은 민주화와 통일을 함께 추구하면서 민주화의 최종 목표로 통일을 상정했다.

월요모임은 1970년대 초반부터 1980년대 초반까지 12가지로 범주화된 활동을 체계적으로 수행했고(라이스, 2007: 80~82), 1980년대 초반까지 64편의 사실보고서를 작성해 미국을 비롯한 국제사회에 알리고 미국 정부에 대한 압력을 통해 한국의 민주화를 촉진하려고 했다. 이들은 도널드 프레이저Donald Fraser 의원의 방한이나 1979년 지미 카터Jimmy Carter 대통령의 방한을 계기로 한국의 인권 상황과 미국 정부의 정책을 연결시키면서 정책 전환을 강력히 요구했다. 특히 월요모임과 한국기독교교회협의회의 협력은 1970년대 말에도 유지되었는데 메리언 킴은 자신이 두 조직의 연결고리였다고 밝히고 있다(킴, 2007: 200). 특히 한국기독교교회협의회 인권위원회가 수집한 자료를 기초로 메리언 포프가 편집한 인권보고서를 세계기독교교회협의회 빅터 슈가 가지고 나가 출판했고, 이것이 미국 의회의 청문회 공식 보고서로 채택되었으며, 국무장관 사이러스 밴스가 1979년 6월 말 카터 대통령 방한 시 박정희 대통령에게 제시했다고 한다(킴, 2007: 201). 이런 자료의 순환은 국제 연대의 작동 방식을 잘 보여준다.

1980년 광주항쟁에서의 미국의 역할 또한 국제 연대를 강화시킨 중요한 계기였다. 시카고의 아시아교회인권위원회는 ≪아시아인권수호≫라는 소식지를 통해 1980년 5월 광주항쟁의 비극을 알리고 한국에서의 미국의 역할을 비판했다. 일본과 독일의 한국인들 또한 광주시민들의 희생을 추모하고 민주화를 염원하는 집회를 조직했다. 광주항쟁이 낳은 「임을 위한 행진곡」은 노동운동과 시민운동의 아시아적 연대를 형성시키는 문화적 자원으로 전환되었다. 민주주의로의 이행 이후 「임을 위한 행진곡」은 동아시아 연대에서 한국의 위상 변화를 상징하는 기호가 되었다.

1960년대 도시 산업 선교를 통해 자라난 한국 노동운동의 국제 연대는 주로 노동자들의 인권과 노동조합의 민주화에 초점이 맞춰져 있었다. 1980년대 초반 학생운동과 노동운동의 결합이 이루어지기 전까지 노동운동은 기독교와 가톨릭의 영향을 받으며 성장했다. 민주주의 이행기인 1980년대에는 노동운동의 국제 연대가 상대적으로 약화되었고, 1990년대 초반 신자유주의적 세계화와 민주주의 공고화가 논의되는 시기에 국제 연대가 다시 강조되었다.

농민운동의 국제 연대 또한 1970년대 '한국가톨릭농민회'(가농)와 1980년대 초반 기독교농민회로부터 출발했다. 이들은 1980년대 후반 전국적인 농민 운동 조직으로 발전했다. 가농은 1986년부터 시작된 이른바 '우루과이 라운드 무역자유화 협상'을 통한 미국의 압력에 대처하기 위해 토론회를 열었다. WTO 체제의 출발과 미국산 쌀 시장의 개방이라는 공동의 과제가 형성되면서 동아시아 지역 내에서는 이러한 상황이 더는 국가 간 경쟁이 아니라는 사실을 자각하게 되었다. 농민운동의 국제 연대는 1990년 12월 브뤼셀에서 열린 세계농민항의대회, 2003년 멕시코 칸쿤과 2005년 홍콩에서의 대규모 시위로 발전했다.

한국의 민주화와 국제 연대는 1990년대 민주주의로의 이행과 신자유주의적 세계화가 결합되면서 양상이 변화되었다. 국내의 외국인 네트워크나 해외의 한국인 네트워크의 중요성이 약화되면서 노동운동이나 농민운동의 국제 연대가 부상했다. 1990년대에 전개된 국제 연대의 양상은 반세계화 운동에 기초하면서 새로운 사고와 개념이 필요해지기 시작했다.

민주화와 국제 연대에 관한 연구는 미국 주도의 냉전 체제를 비판적으로 사고하고, 냉전 이후의 평화를 상상하는 지렛대이기도 하다. 돌이켜보면 한국을 포함한 동북아시아의 '민주화 물결'은 냉전·분단 체제의 변동과 그에 따르는 지역 질서 재편을 추동했고, 또 그런 구조적 변동의 일부였다. 이제 민주화와 국제 연대에 관한 연구는 좀 더 치밀하게 기록을 발굴하고 축적함으로써 한국 민주주의의 발전을 일국가적인 시각이 아니라 글로벌한 관점, 아시아 민주주의의 확산과 연대의 관점에서 재조명하여 관련 연구에 새로운 시각을 제공할 필요가 있다.

참고문헌

라이스, 랜디(Randy Rice). 2007. 「아직도 남아 있는 마음의 상처」. 최명희 옮김. 『시대를 지킨 양심』. 민주화운동기념사업회.

문, 페이(Faye Moon). 2007. 「고립에서 연대로」. 최명희 옮김. 『시대를 지킨 양심』. 민주화운동기념사업회.

이정옥. 2010. 『민주주의 국제 협력기관: 지구민주화와 공공외교의 지형도』. 리북.

정근식 엮음. 2011. 『(탈)냉전과 한국민주주의』. 선인.

존스, 린다(Linda Johns). 2007. 「봉사에서 연대로」. 최명희 옮김. 『시대를 지킨 양심』. 민주화운동기념사업회.

킴, 메리언(Marion Kim). 2007. 「모든 경계를 넘어, 하나의 공동체」. 최명희 옮김. 『시대를 지킨 양심』. 민주화운동기념사업회.

민주화운동기념사업회

민주화운동기념사업회는 '민주화운동을 기념하고 그 정신을 계승하기 위한 사업을 수행함으로써 민주주의 발전에 이바지'하기 위해 설립된 행정안전부 산하의 공공기관이다. 주요 사업으로는 민주인권기념관 조성, 민주화운동 기념행사 및 추모행사 개최 및 지원, 민주시민교육 프로그램 진행, 국내외 민주화운동과 민주주의에 대한 조사 및 연구, 민주화운동 관련 사료의 수집 및 서비스, 국내외 유관 기관과의 협력사업 등이 있다. 이를 통해 민주주의 가치를 실현하는 시민의 동반자로서 민주화운동 정신을 계승하여 민주주의 발전에 이바지하고자 한다.

한국민주주의연구소

한국 민주주의의 과거를 기억하고, 현재를 성찰하며 미래를 전망하는 민주화운동기념사업회 소속 연구소이다. 민주화운동과 민주주의에 관한 학술연구 및 교류·협력 활동을 수행하고 있다. 이를 통해 민주화운동의 정신을 계승·발전시키고, 민주주의의 현재적 과제를 개발·확산하여 한국 민주주의 100년을 담아 연구 지평을 확대하고자 한다.

기획

신형식 | 한국민주주의연구소 소장
박근영 | 한국민주주의연구소 선임연구원

지은이

정근식 | 서울대학교 사회학과
김학재 | 서울대학교 통일평화연구원
권영숙 | 서울대학교 사회과학연구원
주윤정 | 서울대학교 사회발전연구소

한울아카데미 2111
한국의 민주화운동과 국제 연대

ⓒ 민주화운동기념사업회 한국민주주의연구소, 2018

기 획 민주화운동기념사업회 한국민주주의연구소
지은이 정근식·김학재·권영숙·주윤정
펴낸이 김종수
펴낸곳 한울엠플러스(주)
편집책임 최진희

초판 1쇄 인쇄 2018년 12월 20일
초판 1쇄 발행 2018년 12월 31일

주소 10881 경기도 파주시 광인사길 153 한울시소빌딩 3층
전화 031-955-0655
팩스 031-955-0656
홈페이지 www.hanulmplus.kr
등록 제406-2015-000143호

Printed in Korea.
ISBN 978-89-460-7111-7 93330(양장)
       978-89-460-6594-9 93330(반양장)

* 책값은 겉표지에 표시되어 있습니다.